Couvertures supérieure et inférieure
en couleur

LA PRISE
DE JÉRUSALEM

OU

LA VENGEANCE DU SAUVEUR

TEXTE PROVENÇAL

Publié en entier pour la première fois, d'après le manuscrit
de la Bibliothèque nationale

PAR

Camille CHABANEAU

Correspondant de l'Institut

PARIS

JEAN MAISONNEUVE, LIBRAIRE-ÉDITEUR

25, QUAI VOLTAIRE

—

1890

CHEZ LE MÊME ÉDITEUR

LA PRISE
DE JÉRUSALEM

ou

LA VENGEANCE DU SAUVEUR

Extrait de la *Revue des Langues romanes.*

LA PRISE

DE JÉRUSALEM

OU

LA VENGEANCE DU SAUVEUR

TEXTE PROVENÇAL

Publié en entier pour la première fois, d'après le manuscrit
de la Bibliothèque nationale

PAR

Camille CHABANEAU

Correspondant de l'Institut

PARIS

JEAN MAISONNEUVE, LIBRAIRE-ÉDITEUR

25, QUAI VOLTAIRE, 25

—

1889

Du récit provençal publié ici pour la première fois dans son entier[1], et que j'ai cité dans une note du *Roman d'Arles*[2], on ne connaît, jusqu'à présent du moins, qu'une seule copie. Elle se trouve dans le ms. fr. n° 25415 de la Bibliothèque Nationale, dont M. Paul Meyer a donné une notice détaillée dans le *Bulletin de la Société des anciens textes*, n°s 3-4 (1875), pp. 50 et suivantes, et qui paraît avoir été exécuté, sauf peut-être les dernières pages, à Béziers ou dans les environs, un peu avant l'année 1373 (*ibid.*, p. 51). Notre texte en occupe les 23 premiers folios. Une double lacune s'y fait remarquer, provenant de ce que le premier cahier du ms. a perdu trois feuillets, deux au commencement et un à la fin. Le contenu de ces feuillets manquants sera remplacé ici par les parties correspondantes[3], préalablement *provençalisées*, d'une version catalane du XVe siècle, qui n'est peut-être qu'une transcription *catalanisée* de la nôtre[4], et qui a été publiée en 1857 par M. Prosper de Bofarull, au t. XIII de la *Coleccion de documentos ineditos del archivo general de Aragon*.

[1] M. Paul Meyer en a donné deux extraits dans la notice dont il va être question. Raynouard l'a connu et plusieurs fois cité, sous le titre de *Roman de la prise de Jérusalem*. Le second titre donné ici à cet ouvrage est la traduction de celui que porte une des rédactions latines de la légende, qui diffère d'ailleurs beaucoup de la nôtre, à savoir *Vindicta Salvatoris*. Voy. Tischendorf, *Evangelia apocrypha*, 2e éd., p. 471.

[2] P. 53.

[3] Pages 7-9, et 16-17. Ces additions seront placées entre crochets. La version catalane n'a pas de rubriques.

[4] Cf. Paul Meyer, *loc. cit.*, p. 54. Le début de la version catalane y est reproduit.

1

Sur les sources et sur les autres versions, en français ou en d'autres langues, du récit provençal que je publie, je renvoie à la notice précitée de M. Paul Meyer, et au livre de M. Arturo Graf, *Roma nella memoria e nelle immaginazioni del Medio Evo*, t. 1, pp. 402 et suiv. La plus ancienne de ces versions, y compris la nôtre, est un poëme français en alexandrins, du XIIe siècle[1], dont celui que M. Graf a publié (ouvr. cité, p. 429) d'après un ms. du XVe s. de la bibl. de Turin paraît être un résumé. On n'a pas, jusqu'ici, découvert de ms. de la rédaction latine qu'on suppose être la source commune, immédiate ou non, de toutes ces versions.

[1] Paul Meyer, *Ibid.*, 53.

LA PRISE DE JÉRUSALEM

ou

LA VENGEANCE DU SAUVEUR

———

[Apres .xl. ans que Dieus fo levatz en crotz en Jherusalem,
Vespasias l'emperaire, que fo fils de Juli[1] Sesar, emperador de
Roma e de la major part de tota Lombardia, (e) tenia en des-
treg Jherusalem. Roma era caps de tot paganisme, e l'em-
peraire crezia et adorava las idolas e fazia [las] adorar per tot
son emperi ; et el era be guarnitz de la riquesa d'aquest mon,
et el avia bona cavalaria sobre totz los altres barons del mon ;
et avia un filh sert e savi que avia nom Titus ; et el estava en
aquest delieg et en aquesta abundancia del segle e no pensava
d'als sino delechar son cors. Dieus reguardet la sua gran error,
car pres per el passio e mort. En aquel temps era continuada e
mantenguda l'error dels coutivamens[2] de las idolas e dels de-
monis, e la perdicio del poble. E trames Dieus una malautia
que avia nom cranc on la cara de Vespasia l'emperador, que
tot lo nas e las gautas li manjava tro a las dens, e cazeron li
las maisselas e la barba tot enaissi com hom la li agues pelada
tota, que anc no y romas pels. L'emperaire fon dolens de sa ma-
lautia e tug li sieu baron esteron ne fort meravelhat, e feron

---

[1] *Just,* dans l'édition de M. de Bofarull. De même un peu plus bas. Notre
ms. devait plutôt porter *Tiberi.* Cf. ci-après, p. 23, l. 18.

[2] J'adopte la correction de M. Paul Meyer ; cf. ci-après, p. 11, l. 10, et p.
16, l. 10 ; l'édition porte : « e continnada dols continnamons. » Il n'est pas sûr
pourtant qu'il ne faille pas corriger *coutivada* plutôt que *continuada*, et que
le substantif à suppléer soit bien *error*.

venir metges totz los melhos que hom poc trobar; e com aquilh
metge, com mais obravon en el, lavos el pejorava mais, si que
tug li metje lo desempareron e dissoron que res no li podian
valer, mas que lo cranc [que Dieus] li avia donat li manjet to-
tas las gautas el nas, et ac per tot lo cors lebrosia, que tot l'es-
pesejava, et era tan mal adobatz que nos podia tener d'en pes,
ans li covenia a jazer de nueg e de dia.

En aquel temps que Dieus venc et anava ab sos dicipols, .j.
d'aquels, lo qual avia nom Clemens, fon vengutz en Roma, et
aquel per la malesa dels pagans e per la duresa de l'emperad-
or non ausava prezicar [si no] escondidament et amagada.
Et us senescalx de l'emperador, que s'apelava Gays, en lo qual
l'emperaire se fizava sobre totz los altres barons seus, vezent
prezicar sant Clemens e [que] las gens menudas escoltavon
lo molt volenties, e quant parti d'aqui, venc denant l'empera-
dor, e guardet lo e vi lo malament adobat e comenset a plorar
greument, e l'emperaire dis li : « Bels amix, no plores, car li
dieu m'an donada aquesta estremitat, il lam tolran can lor
plaira e preguem los ne fort, que sim garisson, ieu lor basti-
rai un temple, lo plus bel que anc bastitz fos. » — « Senher, so
dis Gays lo senescalx, no crei que ajan negun poder, mas al
temps de Juli Sesar, vostre paire, auzi prezicar e dir que en
Jherusalem avia una santa profeta que avia nom Jesu Crist e
fazia grans miracles, que el mundava los lebroses que eron
ferit d'aquela malautia e als secs donava lur vezer e als sortz
donava l'auzir els mutz fazia parlar els contrags fazia anar
els mortz ressuscitar e totz los malautz de qual malautia que
aguesson sanava. E li juzieu, per enveya e per miracles que li
vezian far, leveron lo en crotz, et Pilatz lo teus prebost justiciet
lo a mort, et ai auzit prezicar que al tertz jorn resusitet; e
mais ai auzit dir que qui podia aver alguna causa que al cors
de la profeta agues tocat, de qualque malautia que agues seria
gueritz, ab que agues fizança e ferma fe e ferma crezença en la
profeta; e ieu crei be aiso, que si res ne podiam aver, que
sin aviatz que sempre seriatz gueritz. » So dis l'emperaire :
« Vuelh que digas si saps aquela profeta si crezia ni adorava
los nostres dieus. » Respos lo senescalx e dis : « Senher, me-
ravilh me fort com podetz dir que aquela santa profeta aiso
agues ne adores los dieus, qu'es senher majer d'els e de tot

[lo mon] ......¹ la dicha santa profeta », aiso dis lo senescalx
a l'emperador, « et anava per la terra et avia .lxxvj. discipols
que anavan tug [amb] el, et avia n'i d'aquels triatz .xij. que
eron de son secret, e de aquels .xij. avia n'i un, que avia nom
Judas, et aquel traï lo e vendet lo als juzieus per .xxx. denies.
E quant aquest dicipols vi que avia liurat a mort la santa pro-
feta als juzieus, penedi s'en e tornet los denies als juzieus, et
nols volgron pendre, et el gitet los el mieg del temple, e
pueis penjet se et anet s'en en infern. Tot aiso ai auzit prezi-
car. Totas aquestas demandas, so dis lo senescalx, senher,
giquitz anar; mas trametetz en Jherusalem, si trobaretz res
d'aquela santa profeta, o que agues tocat al cors de la santa
profeta, car siatz sertz que mantenent seretz gueritz, car ai
gran fe que trobaretz alcuna causa que el [aja] tocada o ten-
guda al seu benezecte cors, aissi com ai auzit prezicar. »]

[Can l'emperador dis a Gay] [F° 1 a] que anes en Jheruzalem sercar
si atrobera res de la santa profeta.

(Miniature.)

So ditz l'emperador : « Si aysi es coma tu dizes, non o alon-
gues pus; may que tantost vos siatz aparelhatz que lay anetz;
e si atrobas res, que m'o aportetz. E si la profeta me vol gue-
rir, ieu lo venjaray pe[r] sert, que aytantas denayradas faray
del[s] juzieus co el fo vendutz. May ayso vuelh que digatz a Pi-
lat que mot m'es greu car lo traüt no m'a trames que solia
trametre a mom payre. Et al me trames per .ii[j]. ans, ieu non
loy perdonarai, car de .vij. ans m'es falhitz. » — « Senher », so
dis Gay lo senescalc, « ben compliray lo vostre comandamen,
si a Dieu platz. »

Can Gay lo senescalc se aparelet d'anar am sas gens a cavalh ni pueys
se mes en .j². nau per passar otra mar.

(Miniature.)

[b] Can Gay lo senescalc vi la volontat de so senhor, apa-
relhet si per anar enaysi coma se tanh a messatge d'empera-
dor, e coma az el tanhia, que era nobles homs e majer de l'em-
perador de Roma. E no volc menar trop de bregua, may sola-

¹ Lacune non indiquée dans l'édition.

mens .iiij. cavaliers siens noblos, on aysi comaa tanh az aytal
baro coma el, es el pres escudiers o trotiers am ganre de sau-
miers e de vianda. E pres comiat de l'emperador e montero
en lurs pa-[c]-lafres e per terra vengro al port de Barlet, et aqui
els intrero en .j. nau am tota lur gen(s). Et anet tan navegan
que per voluntat de Dieu arribero en Acre.

Can Gay arribe[t] en Acre ni pueys aner[o per] terra en Jherusalem.

(Miniature.)

E [vengut que fo] en Acre, ez el anet a Sezaria, e de Sezaria
venc en Jherusalem per terra. Et alberguet privadamen e sela-
damen en la cieutat am .j. savi juzieu e mot pros home que
avia nom Jacob. Aquest Jacob era payres de Maria Jacobi. Can
lo senescalc ac sojornat en la cieutat .iij. jorns, que no ss'era
fag conoysser, e Jacob son hoste lo pres per la ma, e dis li :
«Hoste senher, nobles homs me aparetz. Digatz me seladamen
don etz ni de cal terra, [d] ni que etz vengut querre, que s'ieu
t'en puecs cosselh donar de neguna causa que mestiers sia,
yeu o fara[i] volontiers. »

Can Jacob ac demandat a Gay que era vengutz querre, ni co Gay li respondet
ni co Jacob li comtet la mort de Dieu.

(Miniature.)

Gay lo senescalc li rendet gracias a Jacob e dis li : «Hoste,
yeu soy homs de l'emperador de Roma, e soy so senescalc, etz
el se pleu mays e mi que en home quez el aja. E car vos me
semblatz prozom, yeu vos diray la veritat. Vespazia Sezar, mo
ssenhor l'emperayre, per lo cal Jherusalem se destrenh, es so-
brepres d'una malautia que a nom cranc, que li a manjat e
gastat tota la cara ; e tot lo cors a lebros, que nos pot sos-
tener de pes que aja, [Fol. 2 a] ans lo cove jazer de nuegs e
de dies. Et a tan gran ira de si mezeys, e totz los sieus homes,
que no sabo ques fasso, ni podon trobar metge(s) quel gue-
risca, ans pejoyra cascun dia. Et yeu avia auzit parlar de la
santa profeta que juzieus aussiro en esta cieutat e y pres pas-
sio, que grans miracles fazia en sa vida et apres sa mort ; que
si yeu puecs atrobar neguna cauza que az el agues tocat,
que tantost que l'emperador l'auria ni la tocaria, fos gueritz

per la vertut de la santa profeta. E sapiatz que yeu soy per
ayso vengutz; e si tu m'en sabes ren d'ayso que yeu queri, es-
senha m'o, que gran be t'en faray avorde l'emperador mo ssen-
hor, e sseras onratz en sa cort davan totz. Per que, si sabes
neguna cauza profichabla a mo ssenhor, essenhala nos e non
la nos sela, may tantost la averiscatz, que yeu volgra tornar
ves mo ssenhor que es fort destreg. »

Jacob dis : « Mo ssenhor l'emperador cre en la santa profeta
ni azora [b] la? » Gay lo senescalc respon e dis quez el azorava
las ydolas, e non layssaria los cultivamens dels sieus dieus per
neguna res. Jacob respon e ditz : « Bels amix, tornas von a
vostre emperador, que si el non crezia en la santa profeta que
pres mort e passio, que yeu o vi, el vi davalar de la crotz el
vi metre el monimen a Josep son amic ; pueys lo vi yeu, can
fo ressucitatz, prezicar a sos discipols, e dis lur : « Anatz pre-
» zicar per tot lo mon a tota creatura l'avangeli, e digas lur
» que qui creyra el filh de la Verge ni sera batejatz sera sals ;
» e qui non o creyra sera comdampnatz » ; per ayso vos dic
que si el non lo crezia, e non lo azorava aysi coma Dieus tot
poderos quez el es, que non poyria guerir. May si el lo vol
creyre, el pot esser tantost gueritz, aysi coma sson ganre d'au-
tres. Et si yeu von dizia .j. yssample de veritat d'una femna
que a nom Veronica, que es de Gualilea ; elha era [c] tant fort
lebroza que non auzava estar entre las autras gens ; e cant
elha saup que Jesu Crist fo levatz en crotz, ac gran dol, que
elha avia sa pessa e ssa crezensa quez el la sanes e la mondes
de sa malautia. E venc a Monti-Calvari, e vi quels juzieus
agro Jesu Crist levat en crotz, et al pe de la crotz estet la
verges Maria, sa mayre, am .j. discipol que avia nom Jon. E
Veronica no s'auzava apropiar de la dona ni del discipol, per
la gran malautia que en elha era. E la verges Maria, can vi
aquela femna, dresset sa ma ves ela, e ssonet li que vengues
az ela ; e la femna venc tantost, e la mayre de Dieu pres .j .
toalha que Veronica portava en sa testa, et espandic la davan
la cara del sieu filh benezecte, et aytantost demostret si la
emagena de la cara de nostre senhor Jesu Crist, e baylet la a
la femna. Et aytantost can Veronica tenc la toalha on era la
fasia de Nostre Senhor, fo sanada e mondada de tota sa [d]
lebrozia, et ela a encaras aquela toalha. »

Can Gay dis que trameses querre Veronica.

(*Miniature.*)

« Senher », so ditz Gay lo senescalc, « tot ayso crezi yeu
be veramen, mays mandem per la femna e menem la a mo sse-
nhor, car yeu say que be y creyra; e can sera gueritz, tota
crestiantatz sera per luy issausada; et es ma fe que el venjara
la mort de Jesu Crist. » E Jacob lo savi juzieu mandet querre
la femna Veronica que avia la toalha; et eviet lay .j. sirvent
sieu.

Can Veronica fo venguda ni Jacob li comtet per que l'avia tramessa querre.

[3 a] (*Miniature.*)

Can Veronica fo venguda, Jacob li comtet cossi Gay lo
senescalc de l'emperador de Roma era vengutz per ela, e cossi
la covenia ad anar en la terra de Roma per guerir l'empera-
dor, que era fort destreg de lebrozia, que l'a tot pessejat e
pertuzat que non a menbre entier. Et ela dis que volontieyra
lay iria, car crezia que la vertut de Dieu guerira l'emperador
e tot lo pobol creiria en Jesu Christ.

Can Gay volc anar parlar am Pilat.

(*Miniature.*)

[b] Can Gay lo senescalc si recordet, e dis a Jacob : « Yeu
vuelh anar parlar a Pilat. » E Jacob ditz : « Yeu lay anaray
am vos volontiers. » Et anero ss'en amdos e trobero Pilat
denan lo temple de Salamo. E Gay saludet lo e dis li : « Senher,
yeu soy messatgies de l'emperador de Roma, mos senher e to
senher que es ; e manda te per mi que tu li trametas lo traüt
de .vij. ans ; et az o mal fag, car tu non loy as trames cascun
an, que mal s'en te per pag[a]tz. Empero, car esta terra es tan
luenh, no ss'o tenra a tan de mal ; e tramet loy, que yeu t'en
razonaray denan luy. Pilat, ajas ton bon cossell e tramet per
mi lo traüt a to senher. »

[C]an Pilat respondet a Gay ni lo menasset.

(*Miniature.*)

[c] Pilat, cant auzi Gay lo senescalc, mot li fes laja cara, e
respondet li ergulhozamen el menasset, e dis li mot mala-

men que auria ne cosselh. Et .j. maligne home, que era del
cosselh de Pilat e senescalc, que avia nom Baraban, e[t] dis li,
auzen de totz, quez elh li donaria per cosselh que lo traüt non
regonogues a l'emperador, mays que tengues Jherusalem en
fos senhors, que tot lo pobol lo volia per senhor; e l'emperayre
fos senhors de Roma e de Lombardia, « e per ayso podetz o
far pus seguramens, car si l'emperayre say passava ab sa ost
ni ab sas gens, no say poyrian vioure, per la frachura de l'ay-
gua que non trobarian. » Pilat crezet lo cosselh de Baraban e
cujet aucir Gay lo senescalc. May Barraban li dis que mes-
satge non devia mal ressebre, ans devia formir sa messatga-
ria al mie[l]h que pogra.

Can Gay ac pres comiat de Jacob son hoste ni yssi de Jherusalem,
ni pueys se mes en .j°, nau am Veronica.

[d]   (*Miniature; sur le vaisseau qu'elle représente, en partie,
     une ligne à l'encre rouge :* Can Gay se mes en la nau.)

Gay lo senescalc se partic d'aqui mot corrossadamens el
premier jorn de mars, et el pres comiat de Jacob son hoste;
et yssic de Jherusalem et anet s'en, am tota sa companha et
am Veronica, dreg ves Sesaria; e de Sesaria vengro en Acre.
Et apres mezero sse en .j°. nau, e Dieus donet lur bon temps,
que vengron al port de Barlet am gran gaug. E Gay lo se-
nescalc ac gran alegrier, car el avia crezensa fermamens que
Dieu li fari-[4 a]-a tanta d'onor que son trebalh seria sals. Volc
sojornar.ij. dias a Barlet. E can foron aribatz et agro sojornat
.ij. jorns a Barlet, ez els monteron en lurs palafres et arre-
zeron lurs saumiers; e vengron a Roma hont era l'emperador
destreg de sa malautia.

Can Gay venc en Roma am Veronica.

(*Miniature.*)

Can l'emperador auzic la venguda de son senescalc, mot ac
gran gaug, e fo mot dezirans de parlar am luy. Et en aquel
temps que Gay fo vengutz, Vespazia l'emperayre avia manda-
das las corstz et totz los baros de sson emperi, reys, comtes,

─────────

[t] Suppr. cet e? Y a-t-il une lacune? De même dans le texte catalan.

vescomtes, dux e princeps, e tota la bona cavalaria do say
los mons que l'emperayre avia. Car el era enay-[b]-si dezonretz
e gitatz de profieg seglar e non cujava jamays guerir, el volc
coronar Titus so filh ad emperador, per tal que governes
l'emperi e tota sa terra.

Cen Gay lo senescalc venc vezer l'emperador.

(Miniature.)

Al segon jorn quel senescalc fo vengutz, devia esser coro-
natz Titus, so fi[l]h, ad emperador. E Gay venc denan so senhor
e saludet lo. L'emperador demandet li si avia trobat res ni
neguna' cauza quel pogues donar salut. Gay respondet e dis :
« Senher, alegratz vos e fays gracias a nostre senhor Dieus
Jesu Crist, car yeu ay trobada .jª. femna santa, que a la
sua fassia en .jª. bela toalha ; et aquesta santa toalha a aquesta
femna qu'ieu¹ t'ay amenada. Et enaysi coma tot lo vostre
cors [c] es ples de lebrozia, et ay ma fe que can tocaretz la
sancta toalha, seretz gueritz, am que vos aiatz bona crezensa
en Jesu Crist, don vos veyretz la sua fassia. Et es .j. dieus tot
poderos, senher de tot cant es. E si vos lo crezetz, ni l'adoratz
ni vos tornatz a la sua ley, vos seretz tantost gueritz. E si
ayso non creziatz, tostemps estariatz en aquesta dolor et en
aquesta tristicia. » L'emperador respon : « Sertas yeu crezi
be tot ayso que tu me dizes ; e si el me fa tanta d'onor quem
done sanetat, yeu venjaray la sua mort. E fay me venir la
femna et aporte la toalha santamens, enaysi can se tanh. »
— « Senher, so dis Gay, dema, can tota la baronia sera ajus-
tada, et yeu faray arezar la femna e faray la venir denan tu ;
e tota la baronia veyra lo gran miracle, e creyran miels en
Jesu Crist ; e tu, senher, poyras miels coronar to filh. »
L'emperayre crezet so que son senescalc li avia dig, que fort
o tenia a bo.

Ca[n] Gay anet a son ostal parlar am Veronica.

[d]   *(Miniature.)*

Can lo senescalc s'en tornet a sson ostal, e l'emperayre
romas a ssom palays. E Gay lo senescalc atrobet Veronica,

¹ Ms. *quieia*.

la santa dona, e dis li : « Dona, dema vol mos senhor l'empe-
rayre que tu lo anes vezer. Pregua Dieus nostre senhor Jesu
Crist quez el demostre so miracle en luy, per tal que tot lo
pobol creza en lo poderos Dieus. »

Cau Veronica se mes en oratio.

(Miniature.)

E la bona dona cant o auzi gitet se en oratio e [5 a] preguet
mot nostre senhor en aytal manieyra : « Senher Dieus, que
volguist yssausar lo tieu sante nom per lo benazurat Paul,
et en totz los tiens discipols pauziest la tua vertut e lur doniest
poder de sanar e d'encaussar los diables, tu sana aquest gentil
home, per tal que creza tu, sol dieus veray, e tot lo pobol ven-
gua a sante babtisme. Senher Dieus, sana lo aysi co saniest
me per la tua gracia e per la honor de la tua mayre, quem
donet la teua fassia. »

Can Veronica sonet sant Clemens.

(Miniature.)

Entre que horava ni preguava Dieus, .j. dissipol de nostre
senhor Jesu Crist passet denan la porta on Veronica orava ;
et ela levet se, quel conoc, e dis li : « Frayre Clemens, Jesu
Crist sia am tu. » El discipol ac meravilhas, can se auzi [b]
apelar per so nom ni auzi mentaure Jesu Crist. « Frayre,
non duptes, que santa crestiantat sera yssausada per tu. Tu
no me conoysserias s'ieu no t'o dizia. Ieu soy aquela femna a
qui Dieus fes tanta d'onor, que era lebroza en Gualilea.
Cant yeu auzi que Jesu Crist fo levatz en crotz, aniey m'en
lay on el era, e la sua bonazurada mayre pres .j. toalha que
yeu portava sobre mon cap, e mostret la denan la fassia de
Nostre Senhor, e mantenen fo facha sus la toalha la faysso de
la cara del sieu filh Jesu Crist, et aytantost can l'aygui toca-
da et yeu fu guerida. Et aras soy venguda en aquesta terra
per mandamen de l'emperador e per adordenamen de Dieu,
que el a sa fe quel miracle de Nostre Senhor e la fassia de la
toalha lo guerisca. E dema yeu anaray denan l'emperador ; e
anatz am mi, e fays vostre sermo de nostre senhor Dieus
Jesu Crist. »

Cau sant Clemens pres comiat de la femna Veronica.

[c]   (*Miniature.*)

Lo discipol san Clemens conoc que adzordenamen era ayso
de nostre senhor Dieus, dis li : « Dona, a plazer de Dieu sia
fag. Mays ieu[1] vuelh quem diguas lo tieu nom. » E la dona
dis li : « Yeu ay nom Veronica. » Lo discipol pres comiat de la
dona et anet s'en. Can venc l'endema, e l'emperador no volc
coltivar sos dieus, que no y avia ferma crezensa, per so que
li avia dig son senescalc, ni no volc que aquelh jorn los colti-
vamens fosso fag per negun home.

Can Gay amenet Veronica a l'emperador lay on era.

(*Miniature.*)

[d] Can venc l'endema, entorn tercia, tota la cort e totz los
baros foron ajustatz per coronar Titus Sezar ad emperador. E
Vespazia Sezar, emperador e payre d'elh, fetz se aportar lay
on era tota la baronia; e portet lo hom en .j. lieg, e pueys
fetz venir son senescalc e Veronica; e san Clemens venc amb
els; e Veronica portet la toalha, et ac la baylada a san Cle-
mens.

Can Veronica fo venguda denan l'emperador.

(*Miniature.*)

E can foro denan l'emperador, Veronica lo saludet e dis li :
« Senher, enten lo sermo d'aquest sante home, que fo dis-
cipol de Nostre Senhor, et apres lo sermo recobraras sanetat.»
L'emperador comandet a tota la baronia que seguesso e que
hom l'escotes de lezer. E san Clemens [2]pujet s'en en un alt ca-
dafalc e comenset a prezicar; e prezequet de la encarnacio de
Nostre Senhor, e de la nativitat, e de la circuncisio, e del bap-
tisme, e com volc esser batejatz en flum Jorda, e de la quaran-
tena, quant lo diables lo volc tentar en lo desert, e com Judas
lo trahi el vendet, per .xxx. deniers, als juzieus, e de la passio,

---

[1] Ms. *dem.*

[2] Ici commence, pour finir à la page suivante, l. 31, le deuxième emprunt
que j'ai dû faire au texte catalan, afin de combler la seconde des lacunes signa-
lées ci-dessus, p. 5.

com lo pujeron en crotz, e com Pilatz lo jutjet a mort en Jhe-
rusalem, e com Jozep, .j. gentils cavaliers lo mes al sepulcre
el deissendet de la crotz[1], e com espoliet l'enfern en trac l'umanal
linhatge, e de la resureccio e de la asencio, cant s'en pujet als
cels, e pueys com trames lo Sant Esperit sobre los apostols, e
cóm deu venir al derier jorn jutgar los vius els mortz. E cant
ac longament prezicat, el feni son sermo e dis : Amen !

Apres se jenolhet es reclamet a Dieu, e santa Veronica
atressi. E cant foron levat de la oracio, et el despleguet la toa-
lha, e vezent de totz, et apropiet se a l'emperador, e fetz li
adorar la faz. E tantost que l'emperaire ac tocada la toalha,
el fo gueritz e mundatz de tota sa malautia, en aytal maniera
que anc clapa[2] ni altra causa no ac, ni parec que sobre son
cors agues avut altre mal, aissi fo bels e mundatz.

Cant fo gueritz l'emperaire e curatz de sa malautia, no poc
aver major gaug, el e sa baronia, et enaissi[3] deliurantmen e
poderosa com si no agues avut negu mal ni re, e fo aytan leu-
giers com negus dels altres cavaliers.

Cant l'emperaire ab tota sa baronia aguero fachas gracias
e lauzors a nostre senhor Jesu Crist, aissi com sans Clemens
los adoctrinet els ensenhet, e l'endema l'emperaire coronet
son fil Titus emperador molt honradament; e sans Clemens
aqui preziquet a l'emperador et a totz sos baros, e l'escolteron
ab gran devocio e diligenmen volentiers ; e cant ac dich son
sermo, el dis, auzent de totz, a l'emperador: « Senher, si Jesu
Crist vos a facha gracia de la vostra malautia, de que vos a
guerit, de la qual vos eratz fort destreg, plassa vos, per la
vostra benezecta amor, queus fassatz batejar a la sua santa
lei, et exalsar em crestiandat, e fatz o saber a tota vostra gent
ques fassan batejar, et a negu qui batejar se vuelha no li sia
contrastat. »] [6 a] Ad ayso respon l'emperador e dis : « Ieu deg
gracias e gazardo ad aquesta santa dona que ss'es tan treba-

---

[1] La version catalane porte : « e el deyeble de la creu. » Cf. ci-après,
p. 21, l. 18.

[2] « CLAPA, taca, *macula* » (Labernia.) Ce mot manque dans Raynouard ; mais
il a dû exister aussi en provençal, car on trouve dans *Saint Honorat* un
participe *clapada*, signifiant *tachetée*. Voy. le *Lexique roman*, VI, 9, sous
chaple.

[3] Suppl. *anet? estet?*

lhada per mi. » E pres la per la ma e dis li : « Dona, pren so
que te volras de mon emperi, car yeu t'o autrey tot, sian vi-
las o castelhs, o aur o argen, estiers Roma, que es mos caps
de l'emperi. Mays de l'alre non temiatz a penre so que vos vol-
retz. » E la dona respon : « Senher, gracias a Dieu et a vos;
tot so quem volretz donar donatz ad aquest sante dissipol que
vezetz, car yeu me soy donada et autriada adz el.» L'empera-
dor dis : « Et yeu loy autriey. » E sonet san Clemens e dis li :
« Bel senher, pren per aquesta femna so que te volras de mon
emperi. » E san Clemens dis li : « Senher, del tieu vuelh ay-
tan que te fassas batejar tu e tota ta gen, e que a negun home
que sse vulha batejar nol sia vedat ni contrastat. »

[C]an l'emperayre fetz papa san Clemens.

(*Miniature.*)

[b] L'emperador respondet editz : «Bel senher amix, ieu vuelh
que vos siatz apostoli tot premieyramen, e que ssiatz caps de
la crestiantat : e prezicatz e fays prezicar per tota ma terra la
santa fe ; e que totz aquels que y poyras tornar y tornetz[1], que
mot me platz. May sapiatz que yeu no me batejaray entro que
yeu   ja venjada la mort de Jesu Crist. May yeu te covenc
que aytantost que yeu seray tornatz, si platz a nostre se-
nhor Dieus Jesu Crist que yeu ne torne, ieu me batejaray, e
totz mos baros, e tota ma terra. Mays premieyramens, si platz
a nostre senhor Jesu Crist, que m'a facha tan gran honor,
anaray penre venjansa de la sua mort, que enans, entro que
yeu l'aia venjada, non auray gaug ni alegrier, car el pres mort
e passio a gran tort. »

[C]an l'emperayre levet en cadieyra sa[n Clem]ens, [e]... puys preziquet[2].

(*Miniature en deux compartiments; au-dessus du second, dans le cadre
et de la même encre que le dessin, en petits caractères:* Can san Clemens
bateget Veronica.)

[o] L'emperayre levet en cadieyra san Clemens ad apostoli. E
pueys fetz far .j̄. gleya de san Symeon, e sus en l'autar et el
mes la toalha entre .ij. pilars de peyra de marme, et aqui es
encaras. E can la gleya fo facha et ac establidas las fons, et

[1] Ms. *torna.* — [2] Les lettres suppléées sont effacées dans le ms.

elh batejet santa Veronica et anc non li cambiet so nom. E san Clemens soven prezicava; e plazia al pobol, e motz batejavo ss'en.

Can Gay ven[c] denan l'emperador, so senhor que era.

(Miniature.)

E cant ayso fo fag, Gay lo senescalc venc denan l'emperador Vespazia Sezar, so senhor, e dis li : « Senher, grans gaugs devem aver, car vos etz tan ben gueritz. De Pilat lo teu perbost vos vuelh comtar co mi respos. Cant yeu li dissi de part de vos que vos tramezes lo traüt, et elh mi [d] respos am laja cara e dis me que ja no von tramezera ges, ni vos regonogra la cieutat. E dic vos be, senher, que si gayre li tengues las paraulas [de] so per que lay anicy, mal gazanh m'era vengutz. Mays yeu non volgui contrastar amb elh, e veramens bel menassiey de part de vos, e dissi li qu'el nen sseria destruitz. E cant yeu avia ab elh aquestas paraulas, et .j. savi juzieu se levet e profetizet denant Pilat. Ditz que tan gran carestia seria, non tardaria gayre, en Jherusalem que la mayre manjaria son efan de fam que auria. Et .j. autre juzieu, que avia nom Josep, ditz veramen que Jesu Crist o avia dig de sa boca, que en breu de temps s'averaria la destrucsio de Jherusalem, que no y romanria peyra sobre peyra, et auria lay tan gran fam e tan gran carestia que la femna manjaria son efan. E Pilat, cant o auzi, fo fort corrossatz, e dis lur que si jamays ne parlavo, el los faria justeziar. E vet vos, senher, del tieu perbost co t'es fizels. »

Can l'emperayre mandet querre tota sa ost per passar otra mar.

[7 a]   *(Miniature.)*

Can l'emperayre ac aparelhadas sas naus e sos navelis e tota la ost se reculhic e fero velas totz los navelis essems [1].

(Miniature.)

Can l'emperayre o ac auzit, mot ac gran meravilhas, et el mandet tantost querre tota sa ost per tota sa terra e cridar

---

[1] Cette rubrique, avec la miniature qu'elle surmonte, devrait évidemment prendre place huit lignes plus bas. La comparaison avec le catalan montre qu'il n'y a point de lacune.

que venguesso a Roma. E mantenen fonc complida sa volontat. Adonx tug los baros vengro aparelhatz per passar al pus onradamens que pogro. Aqui vengro reys, comtes, vescomtes, dux, prin-[b]-ceps, marques, e granre d'autres baros ses nombre, am gran cavalaria, que be n'i ac .cc. melia cavaliers, part autra gen. L'emperador ac sos navelis aparelhatz entre naus e lins e guales .do. melia. L'emperayre am tota sa gen se reculiron el mes de may en las naus, e feron velas totas essems. Et a cap de .v. sepmanas els tengro en Acre .j. dia mati, can lo solhelh se levet. Aytantost la gen d'Acre redero la vila a l'emperador per far tota sa volontat.

Can l'emperador anet ad .j. castel que a nom Jafa.

(*Miniature.*)

E cant agro aqui refrescat, et els anero ad .j. castelh que apelava hom Jafa. Aquel castel era mot grans e fortz e tenian lo juzieus. E can viro tan grans gens [e] per els destruir que foro alogatz entorn si, rederon se volontiers a l'emperador, si l'emperador los volgues penre a merce.

Can l'emperayre estet am sa ost entorn lo castelh e nol volc penre a merce.

(*Miniature.*)

Can la ost fonc tenduda entorn lo castelh, Nostre Senhor trames tan gran ven en tan que apenas poc negus hom durar en la ost ni lay[n]s. Lo castelhs fo mot bels e ben bastitz et .j. savi juzieu que fo natz e Nazaret lo fetz bastir, que avia nom Jafel. Aquest era cozis girmas de Jozep, lo noble cavalier que mes Nostre Senhor el sepulcre. Aquest senher del castelh era mot noble cavalier e savis homs de guerra. E dis a l'emperador quel prezes a merce; e l'emperador dis que ja merce non auria.

Can l'emperayre pres lo castel [d] et aussic los juzieus e deroquet los murs.

(*Miniature. On y remarque une voûte, sur laquelle on lit, en petits caractères:* Can los .viij. se auciro en la clota.)

Cant[1] venc a pauc de temps et elh pres lo castel e fetz aussir totz los juzieus, estiers .x. que s'en amaguero en una clota

---

[1] Ms. *Canc.*

seua, et aqui esteron rescondutz .iij. jorns, tan que a morir
los covenia aqui de fam. Los .viij. juzieus emprezero que la
.j. feris l'autre del cotelh, esties Jafel et .j. cozi sieu, que non
o volgro far. E can los .viij. juzieus foro mortz, Jafel dis :
« Yeu era senhers d'aquest castel, et era tengutz per mot savi
hom; folia seria si aysi nos layssavam morir. Iscam d'aysi et
anem a l'emperador clamar merce, que can sabra qui soy yeu,
ja nons aussira [1]. » L'emperador ac fag deroquar los murs et
omplir los valhatz.

Cam Jafel am son cozi s'aginolhero denan l'emperador el cla-[8 a]-meron
(li) merce.

(*Miniature.*)

E Jafel vay s'en denan l'emperador am son cozi, et aginol-
lhet si, e dis li: « Senher emperayre, yeu era senhor d'aquest
castel que m'as pres e deroquat. Ieu say que tu yest vengutz
per venjar la mort de Jesu Crist, que a tort pres passio en
Jherusalem. Aquesta santa profeta era fort mos amix, et .j.
mon cozi girma, Jozep, lo mes el sieu sepulcre el dissendet de
la crotz. Senher, nos t'aurem encaras gran mestier(s) a penre
Jherusalem, e nos t'en acosselharem lialmen, et assegura nos.»

Can l'emperayre pres per la ma Jafel e l'asseguret.

(*Miniature.*)

[b] L'emperayre Vespazia lo pren per la ma, e redet li gra-
cias. Et els disseron que lur dones hom a manjar, que motavian
gran fam. Cant els agro manjat, e l'emperayre los fetz venir
denan si e demandet lur si crezian en la santa profeta, et
els disseron que oc. «D'aysi avan, dis l'emperayre, vuelh siatz
de mon cosselh privat. »

Can l'emperayre anet am tota sa ost et am Jafel en Jherusalem.

(*Miniature.*)

Apres ayso los emperadors s'acorderon que anesson ves
Jherusalem. Aras s'averara so que san Luc guerentia, can

---

[1] Ce qui unit jusqu'à *Pilat el rey Archilaus* (p. 23, l. 1) manque dans
le texte catalan.

s'apropiet Jesu Crist de Jherusalem e·vi la cieutat e ploret
sobr' elha, e dis : « Si tu sabias so que t'avenra, tu plorarias,
car tu non' conoysses los dias de la tua visitatio, que seras
tot entorn assetiada e valadejada, els tieus enemix no y lays-
saran peyra sobre peyra, els filhs que seran en tu seran des-
truitz. » E Pilat no [o] saup encaras las gens que venian so-
br'els. Cascun an en aquel temps selebravon los juzieus de
tota la terra .j^a. gran festa en Jherusalem : e foro y tug ven-
gutz de tota la tera. El filh del rey Hero, que fonc rey coro-
nat, fo vengutz a la festa ab tota sa gen, et avia nom lo rey
Archilaus. E can foro tug vengutz a la festa, cazero tan grans
ayguas que anc negus dels juzieus non pogro issir. Can Pilat
vic la gran ost que agro asetiada la sieutat, fort s'esmaguet.
E lo rey Archilaus lo pres a esgardar, e vi que fort s'espaven-
tava et avia gran paor, comesset lo a repenre, e dis li : « Per
que vos esmagatz ? que nos em tan grans gens, e tanta de
bona cavalaria avem en aquesta sieutat, que [no] nos cal aver
paor. Armem nos et anem los adantar, e fassam y tan de las
armas que az els sia a penedre car say so vengutz. Mot y podo
pauc estar entorn nos, car la frachura de l'aygua los fara
morir els 'ne fara tornar, e nos avem bona cieutat e fort e ben
garnida. »

Can Pilat fes cridar que tug se [d] [ar]messo e venguesso denant lo sieu
palays.

(*Miniature.*)

Cant aquest cosselh fo donatz, plac mot a Pilat. E fetz crida
que tug li cavaliers se armesson ; et ab aytan fo fag, e tug ven-
gron armatz denan lo palays de Pilat. E tug aquels de la cieu-
tat ab dezir.... [1].

Can la ost de l'emperayre fonc apropiada dels murs de Jherusalem.

(*Miniature.*)

E tota la ost de l'emperador fonc tant apropiada dels murs

---

[1] Il y a évidemment ici une lacune ; mais rien ne l'indique dans le ms. Le
texte catalan ne peut nous être d'aucun secours, comme on l'a vu par la note 1
de la page précédente.

que anc noy auzeron yssir ni fo lur cossolh. Pilat el rey Ar-
chilaus fan [8 *bis* a] cridar per la vila, can tug se foron dezar-
matz, que tug aportesson peyras e cayros sus per los dentelhs
dels murs e per las corsieyras, dels cals era ben garnitz Jheru-
salem. Ab aytan foron be .lx. melia, ses plus d'alongamen, que
tug aporteron las per garnir la cieutat. E Pilat el rey Archi-
laus foron en cors, e cascu ac vestit .j. blizau ben fag d'un
vermelh sisclato, et Pilat tenc en la ma .j. basto pelat.

Cant l'emperador venc am Jafel et am Gay et am .xv. cavaliers al mur,
per parlar am Pilat.

(*Miniature.*)

L'emperayre Vespazia, ab Jafel de Jafa et ab Gay lo senes-
calc et am .xv. cavaliers que menet, venc als murs de la cieu-
tat(at), lay on Pilat el rey Archilaus eron, e de-[b]mandet a
Gay lo senescalc cal era Pilat. E Gay dis que aquel que tenia
la vergua pelada, que estava sobrel cosier del mur. E Ves-
pazia Sezar emperayre arazonet lo e dis li : « Pilat, lo noble
payre meu, Tiberi Sezar, te comandet Jherusalem, que loy
gardesses, e volc que fosses sos perbost e governesses tota la
tera per luy. E [c]an saupist que fo mortz, anc nom tramezist
traüt de senhoria mays per .iij. ans ; aras as ne estat .vij.
ans que anc ges no m'en volgist trametre, et a Gay, mon se-
nescalc, cant yeu lot tramezi, tu li respondiest ergulhozamen,
e dissis li que tu non tenias ren de me, e que yeu gardes ben
Roma e Lombardia, que tu gardarias ben Jherusalem, e nom
regonoysserias traüt ni senhoria. E per ayso yeu vuelh far
de tu a ma volontat, e voli que tu fassas obrir los portals ; e [1]
yeu vuelh far de tu tota ma volontat e de totz aquels que
layns so.

Cant Pilat se volc acosselhar am sos cavaliers et am lo rey Archilaus,
qual respo[n]dera.

[c] (*Miniature.*)

Ad aquesta paraula respondet Pilat que auria ne son cos-
selh. Pilat [2] fes venir mantenen totz sos baros. El rey Archi-

---

[1] Ms. *Ke.* — [2] Ms. *Ppilat.*

laus dis li que no li calia avor paor de las menassas que l'emperador li fazia, car el se podia ben defendre a luy, e car avia tanta de bona cavalaria dins Jherusalem, « que non cre, dis lo rey, que en la tersa part del mon ne agues tauta de bona. E seria nos vergonha si nos nos rediam a l'emperador per far totas sas volontatz; e mal aja qui aquel cosselh nos donara. » Apres lo rey Archilaus, se levet em pes e[n] Baraban, .j. cosselier de Pilat, lo cal era crezutz mot fort, e dis li: « Pilat, lo rey Archilau te acosselha be e crey lo; e per tal que miels o crezas diray te e faray te conoysser que l'emperador nous poyria conquere ni penre la cieu-[d]-tat de Jherusalem. Sapias que no y pot estar .ij. mezes entiers am sa baronia, quez els, enaysi coma tu sabes, non an aygua ni la podon aver, si non l'avian de mays de mieja jornada al Flum del Dialble, lay on periron .ij. cieutatz, Sodoma e Gomora; e seria lur de trop lonc pertrag a tan grans gens. E per ayso cre que l'emperayre non poyra gayre estar entorn nos. Per que yeu te dic que lo desfizes, car anc say auzet passar. » Lo rey Archilaus e totz los cavaliers que ero aqui lauzeron fort a Pilat so que Baraban a dig, e disseron tug cominalmens que « fort o tenem a bo. »

Can Pilat venc am lo rey Archilaus et am totz sos cosseliers sus lo mur, per parlar am l'emperador.

(Miniature.)

Pilat part del cosselh e venc am lo rey Archilaus, e mon-[9 a]-tero sus los corsiers dels murs, lay on l'emperador Vespazia l'atendia ab sos baros. E Pilat comesset a parlar a l'emperador so senhor e dis li: « Senher emperayre, tornatz von e gardatz ben vostra tera, que yeu gardaray be aquesta de vos e de totz mos enemix, e sapiatz que la cieuta[t] no vos redray ja. Mays ayso vos cosselharia que no volguesses destruir vos ni vostras gens e que von torneses. » So dis l'emperayre: « No m'en mandes tornar, mays ayso diguas si me redras la cieutat com a to senhor, del cal tu la deves tener e la tenes; e ret lam en aytal manieyra que tu ni hom que lains sia non penray a merce. » Pilat respon e dis li: « Mot parlas ergulhozamens, a la cieutat no vos redray eu pas; ans d'aquesta ora enan vos dezafizi que you vos faray pieg que vos a mi cujatz far. E fays tot vostre poder, qu'ieu nous prezi .j. denier. »

Can l'emperador comtet a so filh Titus la resposta de Pilat.

(*Miniature.*)

[b] L'emperayre se partic et anet s'en en la ost e comtet o a so filh Titus; e l'emperador Thitus, so filh, hac gran gaug, e dis: « Benezectes ne ssia nostre senhor Dieus Jesu Crist, car elh no vol quel trachor Pilat vengua a nostra merce, que yeu avia paor e duptansa que vos, senher, li aguesses merce. Et huey may non pot esser que ja merce puesca trobar, pus que Jesu Crist non la trobet ab elh. Senher emperayre, enten me, so dis Thitus, sapiatz per veritat que Dieus vol que aysi sia, car Pilat sofric la trascio de Jesu Crist e la cossenti. Per que el ne ssera destruitz, e tota la gen ne ssera lieurada a turmen e la cieutat derocada. »

Can los saumaties e los trotiers vengro denan l'emperador dir que feron d'ayga.

(*Miniature.*)

Cant ayso ac dig Thitus, vengro los trotiers que avian [c] en baylia los cavals els palafres els saumiers a l'emperador e disseron li : « Senher, que farem, que de say .xv. milhas non trobam aygua per abeurar nostres cavals, ni a re que mestias nos sia. Nos no podem durar, que, cant em mogutz a l'alba, es ben ora nona e mays enans que sia[m] tornatz. E non trobam aygua may al Flum del Dialble, lay on periron .ij. cieutatz, Sodoma e Gomorra. Sapiatz, senher, que la ost nos poyria mantener si no aviam aygua pus pres d'aysi. »

Can l'emperayre se vol acosselar am Jafel de Jafa cossi o fera.

(*Miniature.*)

L'emperayre ac mot grans meravilhas, e demandet a Jafel de Jafa cal cosselh y donaria. Et elh dis que bon cosselh li donaria. « Senher, so dis Jafel, tu as gran bestiar de buous, e de vacas, e de brufols [d] e de camels. Fays o tot escorjar o salar las carns, e pueys fays totz los cuers ben correjar la .j. ab

l'autro, e fay ne encoyrar tota la valh de Jozafat; e pueys vos
auretz motz saumiers que aporto l'aygua dol Flum dol Dialble.»
Can l'emperador auzic ayso, a bon cossell o tenc, e fetz es-
corjar entre buous e vacas e brufols e camels .c. lx. melia, e
las carns et el fetz salar. E puys fet[z] cozir los cuers fort e
ferm la .j. ab l'autre, e fes ne encoyrar tota la valh de Jozafat.
E cant la valh fonc tota encoyrada et espondejada, l'emperayre
dis a Jafel que pesses d'omplir, e carguet o tot sobr'elh. E Jafel
fetz arezar .ij. melia saumiers que aporteron l'aygua cascun
jorn del Flum del Dialble, entro que l'agro tota omplida, de ras
en ras. E volc Dieus que l'aygua si tenc aytan bona et aytan
fina coma si fos flum corren.

Can Pilat el rey Archilaus e tug sels de Jerusalem viro la valh plena d'aygua
elsessstero ¹ entre si mezeyses.

[10 a] *(Miniature.)*

Pilat el rey Archilaus e tug sels que ero dins Jherusalem agron
grans meravilhas, can viron en la valh de Jozafatz tan gran
plenetat d'aygua; et els albireron se que Jafel de Jafa o avia
tractat e fag far, car mot era savis homs e de gran engien.
E cant Pilat vi que gran plenetat d'aygua avian lur enemix,
esmaguet se fort. Et adonx el volgra esser foras am la .j. pe,
e penedet si car la cieutat non avia reduda a l'emperador, can
li o dis, per far tota sa volontat a sa merce; e res no saup ques
fezes, ta fort s'espaventet. Lo rey Archilaus e Baraban, que
avian donat lo cosselh, volgron lo cofortar e disseron li : «Per
que vos esmagatz? que si l'emperador avia estat am tota sa
gen entorn aquesta cieu-[b]-tat .vij. ans, non l'auria preza per
forsa, et elh non pot aysi tant estar, e non ajatz paor, que tug
ne sseretz onratz.»

Can Pilat volc saber lo cosselh qe li donera Jacob, ni pueys Pilat lo fes metre
en prezo am .ja. cadena.

(Miniature.)

Cant Jacob auzic ayso, mot o tenc a gran folhor, e dis a Pi-
lat : « Senher, mot mi doni meravilhas de so que aquestz dizo ;

---

¹ *Sic.* Corr. *e cosselhero?*

car sapiatz pe[r] sort que nos non podem tener contra l'emperador nostre senhor. Yeu te dera cossolh, si lo volguesses penre. » Pilat vole saber cal cossolh li donaria, e dis li : « Senhor, manda a l'emperador que tu li rendras la ciutat, e per far totz sos comandamens, que yeu cre quez elh nos aura bona merce. » Pilat respondet : « Tu yest escumergatz et as renegada nostra ley, e non deu hom creyre tu ni ton [c] cosselh, car si l'emperayre avia aquesta vila, aytantost tu creyrias en sa ley, e¹ elh que es pagas. Per ayso te deu hom creyre mens, car tu desliöuriest la malvayra femna Veronica, sortejayritz del diable, que ab sas sortz l'a guerit. E car tu as aysi obrat contra nos, yeu penray be vengansa de tu. » E fes lo penre e liar et estacar am .jª. cadena, e fetz lo metre en .jª. clota sotz tera, jotz lo palays major. Can Jacob fo en la prezo escura, mot fort reclamet Dieus Jesu Crist, que elh per sa dossor non lo laysses morir aqui.

Can Maria Jacobi preguet Dieus per som payre Jacob, que Pilat avia mes en prezo.

(*Miniature.*)

Can Maria Jacobi auzic que som payre era mes en prezo el vi malmenat per Pilat e que ses comte l'avia azirat, re-[d]clamet Dieus nostre senhor e dis : « Senher Dieus Jesu Crist, regardatz vos ves lo meu payre, ton amic, que es en prezo per tu, quel sieus enemix nol puesco dan tener. Tu que deslieuriest Jozeph de la prezo de Pilat, cant elh e los malvays juzieus l'agro enclaus, per luy justeziar, e tu, senher, per ta bontat lo delieuriest de las mas de sos enemix, enaysi, senher, sit platz, delieura lo meu payre de la prezo e de las mas de Pilat. »

Cant .j. angil venc en la prezo ont era Jacob el trays de la prezo.

(*Miniature.*)

Cant ac facha¹ sa orazo, .j. angil venc en la clota ont era Jacob, e trobet lo abatut en tera, que orava, e sonet li. E Jacob levet son cap, e vic gran clardat et ac paor. E l'angil dis

¹ Ms. *fanha.*

li: « Jacob, nom temias ; you soy angil de Dieu, que te venc a-
[11 a]-des deslieurar, por mandamen de Jesu Crist lo sieu filh.
Car tu lo reclamiest, e Maria ta filha, et elh me tramet aysi
quet deslieures. » So dis Jacob : « Dieus n'aia gracias, car no
m'a volgut oblidar. » L'angil li dis : « Deslia te de las cadenas e
sec me. » So dis Jacob : « Non ay poder. » E l'angil li dis : « Se-
cot tos pes e tas mas. » Et elh los secodet e las cadenas caze-
ron li. E l'angil lo pres per lo ponh e, vezen totas las gardas,
tray lon e menet lon per Portas Aurias, et adus lo al trap de
Vespazia l'emperayre. Et ab aytan l'angil dezamparet lo et
anet s'en.

Can Gay conoc Jacob el bayet, el menet denan l'emperador.

(Miniature.)

Gay lo senescalc, aytantost can lo vi, lo conoc, e val baya[r]
et abrassar ; e menet lo denant l'emperador Vespazia Sezar, e
dis li que aquel era Jacob, lo cal li avia essenhada Ve-[b]-ronica
per amor d'elh. E l'emperador demandet li cossi era yssitz de
la prizo, « que yeu avia auzit dir » que Pilat l'avia[1] mes en
prezo. E Jacob comtet li tot per orde cossi es avut ni cossi
Pilat l'avia mes en preyzo, ni per cal ocazio, ni cossi Nostre
Senher li a trames son angil, que l'a desliurat de las mas de
Pilat e de tot lo poder dels juzieus. L'emperador, can vic Ja-
cob, mot l'onret e li portet gran honor e volc que fos de son
cosselh, am Jafel de Jafa et am Gay lo senescalc.

Can l'emperayre fetz cosselh am Thitus, so filh, et am Jacob e Jafel, e .xxx. baros que foron del sicret.

(Miniature.)

L'emperayre Vespazia trames querre so filh Thitus, e cant
el fo vengutz, et el si trays ad .j^a. part a cosselh, e fetz venir
Gay e Jafel e Jacob e .xxx. baros que foro del sicret [c] de(l)
l'emperador. E l'emperador parlet premiers a totz aquels que
avia apelhatz al cosselh, e dis lur : « Cenhors, yeu vos ay fag
venir et ajustar, per ayso que ajam cosselh, cossi farem nos-
tre afar d'aquesta cieutat. Et yeu vuelh que lom done premier

---

[1] Corr. l'avia, en prolongeant jusqu'à la fin de la phrase le discours direct?

Jacob, a qui Nostre Senhor a facha tanta d'onor que ll trames
son angil, quel gitet del poder de Pilat e de la prezo, el menet
aysi, on esta segurs. Jacob, diguas nos cossi lay si capte Pilat
layns, nil rey Archilaus ni l'autre pobol, ni cal conten[en]ssa
fan ni que dizon de nos, ni cossi es tot lur afar. » Jacob respon:
« Senher, yeu te diray veritat: be sapias que lains non an
gayre vianda nis podo gayre sostener ; et estan fort esmagatz
per la gran gen que lay es ; que en tota esta terra non a re-
mazut juzieu que totz no ssian vengutz en Jherusalem per .ja.
gran festa que say fazia hom cascun an. E can vos fozes ven-
gutz, e vos, senher, vos mezes en torn, et anc pueys negus non
poc issir. E per ayso, so dis Jacob, so fort estreg de viandas e
nos podo longamens tener ; mays per alcunas partz s'en [d]
poyrian ben fugir, si mestiers lur era. Mays per ayso fays far
entorn la cieutat valhatz grans et amples e preons, per so que
negus non puesco yssir ses nostre saber. E can la vianda lur
falhira, et elhs se redran, que ja per forsa negun temps no
sseria preza. Per que doni per cosselh que ayso que yeu dic
no sia plus alongat, mays que tantost sia fag. » L'emperayre
ab son filh tengron ayso que Jacob ac dig fort a bo, e tug los
.xxx. baros, qu'ero del cosselh lauzero ho, e Jafel de Jafa
atressi. Los emperadors partiron lur cosselh, e can venc l'en-
dema, et els feron cridar per tota la ost que tot hom que sau-
pes valadejar que vengues al papalho de Vespazia l'empera-
dor. E can tug foron vengutz, comtet hom que .v. melia obries
y ac. E l'emperayre comandet lur que fezesson tot entorn
Jherusalem valhatz grans, e comandero [1] a Jacob et a Jafel de
Jafa qu'en fosson gardas e ministradors. Et els responderon
que volonties farian son comandamen.

Can Jacob e Jafel feron cavar entorn lo mur de Jherusalem.

[12 a]   (*Miniature.*)

Tantost Jacob e Jafel se mezeron premiers e menero los
valegadors lay on comessero los valhatz a far. E feron los de
.x[2]. codes de preon e de .xxx. codes d'ample, e menero ab els
.xxx. melia arquies, e ben armatz, per gardar los valejadors.

---

[1] *Sic.*

[2] .xv., dans le texte catalan.

3

Et obreron enaysi coma Jacob e Jafel lur comanderon. E can
Pilat vi que enaysi s'acorian e que tan destrechamens los as-
setiavon, ac cossclh ab lo rey Archilaus et ab Jozeph ab Ari-
massias, .j. savi cavalier[1]. E Joseph dis a Pilat: « Senher, de so
qu'en podem [nos][2] alre far ? Te diray yeu lo mieu cosselh, si tu
m'en voles creyre. Dema mati e nos nos armem tug, e li ar-
quiers e tug li sirvens, e, sils podem descofir, que o fassam; e
cre que elhs non auran talen [b] de setiar tan pres de nos. » Lo
cosselh tenc a bo Pilat, ab lo rey Archilaus, e feron cridar lo
vespre quel mati a l'alba fosson tug armatz, e que venguesso
denan lo palays de Salamo.

Can Pilat yssai de Jherusalem am tota sa ost et am lo rey Archilaus encontra
l'emperador(s).

(Miniature.)

Can venc l'endema a l'alba, e lo fo fag aysi coma Pilat ac
comandat, et arengueron lurs batalhas. E azismero y .xx. me-
lia cavaliers ben armatz e .lx. melia entre arqüiers e sirvens.
E Pilat comandet que saviamens ysiso a la batalha, e que ne-
gus nos derengues, mays que estesson tug als capdels que
lur avia hom baylatz. Pilatz el rey e Jozeph garderon los .xx.
melia cavaliers, e comesseron ad issir per la porta de la cieu-
tat. Et .j. de las gardas que esta-[vo²]-va al forsat viron[4] que
grans gens armadas yssian de la cieutat; aytantost poget e .j.
palafre e va ss'en al papalho de l'emperayre Vespazia e trobet
lo que encaras jazia, el solelh non era levatz encaras; e comtet
li cosi Pilat ab totas sas gens se sson armatz e veno ves elh
per combatre. Çan l'emperayre auzic ayso, trames querc so
filh Thitus, l'emperador novell, e Jacob e Jafel e Gay, e co-
mandet lur que fezesso cridar per tota la ost: « Ad armas ! ad
armas ! » Aytantost cant o auziro los cavaliers nils arquiers
nils sirvens, agro gran gaug, e de mantenen armeron se tug,
e vengro denan l'emperador. E l'emperador contet lur cossi

---

[1] On s'étonne de voir Joseph d'Arimathie parmi les conseillers de Pilate.
Evidemment l'auteur oubliait (ou ne l'avait-il jamais su ?) que le Joseph dont
il parle plus haut, pp. 20 et 27, l. 25, était justement Joseph d'Arimathie.

[2] Ms. *que non p. a.;* je corrige d'après le catalan : « quem podem nos alre
fer. »

[3] A longues lignes jusqu'à la miniature. — [4] *Sic.*

Pilat venia armatz contra luy ab tota sa gen, e que establison lurs batalhas.

Can l'emperador issic am sa ost encontra Pilat, ni ambas las ostz se mesclero per ferir.

(*Miniature occupant toute la largeur de la page.*)

[c] Can l'emperayre se fo armatz e Thitus so filh, feron yssir tug los cavaliers premiers e tota l'autra gen apres; e dels cavaliers e de l'autra gen avia y tans que non[1] podian estar adysmat per negun home. E can foron vengutz lay on la ost de Pilat yssia, fo ben tercia, et encaras non eron tug issitz de Jherusalem. Can tug foron yssitz de la cieutat, e las batalhas foron assembladas dous [d] ambas partz, et elhs se entremesclero e feriro se per gran azir, per escutz e per elines e per cors ab los espieutz et ab las espazas, la .j*. part am l'autra, que a la premieyra batalha moriro de la part de Pilat e del rey Archilaus .iij. melia pressonas, entre cavaliers e sirvens, e de la part de l'emperador n'i moriro .viij. melia, e la batalha duret entro ora nona. Apres aquesta batalha, ti-[13 r°]-reron se areyre ambas las ost, e can se foron .j. pauc revengutz, e las batalhas deus ambas partz tornero en camp e mescleron si autra vetz; e feriron tan duramen de las armas deus ambas partz que .iij. melia e .vij.c. y morirou de la part de Pilat e del rey Archilaus, e deus la part de Vespazia e de so filh y moriron .m. e .cc., e duret la batolha entro al vespre, quel solelh se volc colgar.

Can Nostre Senhor fetz tornar lo solelh deus orien e fetz de la nueg jorn, e las batalhas tornero en camp per batalhar .ij. vetz.

(*Miniature occupant toute la largeur de la page.*)

[a] Mays Nostre Senhor, que volc que ssa mort fos venjada, fetz aqui .j. gran miracle, que can se cujeron deus ambas partz quel solelh se colges, e s'en tornavon a lurs alberguas, lo solelh fo tornatz deus orien, per comandamen de Dieu, enaysi can lo mati se leva, et el comesset a levar et a luzir e far bela matinada. Vespazia Sezar, l'emperayre, e Thitus so filh viro aquest miracle, et agro gran gaug, e pessero que Dieus

[1] Ms. *nen.*

no volia que encaras yssisson de camp, e regiron se ab tota
lur gen [b] e comesseron ad encaussar la ost de Pilat e del
rey Archilaus. E can los viro venir, regiro se ab tota lur gens
e van ferir en elhs; e duret la batalha entro que fo passada
ora nona, e deus la part de Pilat e del rey moriron .iiij. melia
e..cc. l., que us que autres, e deus la part de l'emperador mo-
riro y .m. l. Las ost foron fort escalfadas la .j³. sobre l'autra, e
foron mot las. E can venc entorn vespras, et elhs torneron el
camp, e duret la batalha entro quel solelh fo colgatz. E mori-
ro y de la part de Pilat .ij. melia .cc. l., [c] que us que autres, e
deus la part de l'emperador n'i mor[i]ron .ccc. l. En aquestas
batalhas sobre dichas perdet Pilat e lo rey Archilaus bata-
lhan .xiij. melia e .cc. personas, et en aquels ac n'i .ij. melia
e .vj.c. entre cavaliers e gens d'armas a cavalh, e l'emperayre
Vespe(r)zia, am so filh, entre us et autres ne perdet .x. melia
e .vj.c.

Can l'emperador los encausset ni fo mortz .j. home al portal de Jherusalem,
que cri[da]va: « Vay, Jherusalem! »

(*Miniature.*)

  Mays la batalha que fo facha derrieyra venquet l'emperador
Vespazia, Sezar en portet lo camp, am sas gens, et encausseron
los tro als portals. Et al portal de la cieutat, can se fazia l'en-
caus, auciro .j. home, que tot jorn [d] cridava: « Vay, Jhe-
rusalem! » Adonx ac tot lo pobol gran dolor, car els crezian
que aquel fos profeta. Jozeph y fo nafratz d'una lansa per las
cuyssas, may non valc mens. Pilat el rey Archilaus foro mot
lasses e tota sa gen, et agron gran fam e gran dolor de la
gran perda que avian facha. E per tota la cieutat viratz me-
nar tan gran dolor que anc tan gran non fo auzida. L'empe-
rayre Vespazia ab so filh s'en tornero am lurs gens en la[s]
lurs tendas e manjeron, car mot avian gran fam; pues aneros
pauzar, que mot eron las. Can venc l'endema mati, Pilat nil
rey non agro volontat de tornar en la batalha; et agron de
cosselh que gardesson la vila, que pro avian a far a gardar.

Can l'emperayre va comandar c'om tornes a far los valhatz.

(*Miniature.*)

[14 a] L'emperayre e Thitus, so filh, can se foron levatz,

ni las gens de tota la ost, viro que Pilat non lur avia plus en
cor azantar[1]. Feron venir Jacob e Jafel, que pesseson de far
los valhatz; et els, per mays enansar, agro mays obriers, et
agro ne per nombre .xv. melia, que tug obravo. Et en pauc
de temps agro fag los valhatz tot entorn la cieutat. Los va-
lhatz agro .xxx. pes de preon e .lx. pes d'ample. Can Pilat vi
que de Jherusalem non podian ysir, desconortet si fort e totz
los baros de la cieutat. E tot lo pobol cridava, e dizian: « Aquel
home que cridava tot dia es mortz, e nos crezem que ayso
fos professia encontra nos. Pilat, mai cosselh aguist, car la
cieutat non rediest a l'emperayre. Aras vezem que temps s'a-
propia de so que aquel hom que mortz es profetizava, que tot
jorn cridava: Vay, Jherusalem! »

Can Pilat ac cosselh am lo rey ni am Jozeph cossi fera son afar.

(Miniature.)

[b] Can Pilat vi lo cridamen quel pobol fazia tot jorn, ac
cosselh ab lo rey Archilaus et am Jozeph, cossi o faria. E Jo-
zeph respondet e dis: « Senher, e que y pot hom far mays que
fassa hom calar aquestas gens ? Lo milhor cosselh que yeu say
es que fassam far .ij. carniers grans, en que giete hom totz los
mortz, que trop nos son pres, et es paors que per las pudors
dels cosses vengues gran efermetat en la cieutat. Et estem be
e saviamen. E fays estrenher la vianda, que sapiatz petit say
n'a, et a say plus de .xx. melia personas estranhas, que say
ero vengutz a la festa, e gitar ni eviar nols ne podem per ne-
gun luoc; per que a obs que cascu garde so que a de vianda. »

Can Pilat fes far los carniers ni gitar los mortz layns.

(Miniature.)

Cant ayso ac dig Jozeph, et Pilat li comandet quez el [c] o
fezes far a sa guiza. E tantost Jozeph fetz fa[r] fora los murs de
la cieutat .ij. carniers (e) gra[n]s, e gitero y totz los mo[r]tz. Et
ac n'i per nombre .xiij. melia e .cc.; et (.ja.) apres et el fetz
estrenher la vianda ad aquels que sobras n'avian. Can venc
apres pauc de temps, en la cieutat ac tal carestia que no y

[1] Cf. p. 22, l. 18. Texte catalan : « que Pilat nols volia tenir gens camp. »

remas a manjar[1] erbas salvatgas, que[2] aver las poguesso. Et las
bestias, can morian, manjavon las, fosson cavals, o palafres, o
azes o cas, tan grans era la carestia el fam de las gens estra-
nhas, que lay ero, que negus non avia aportada vianda. Can
venc apres pauc de temps, e las gens cridavo e ploravo per
las carrieyras e morian a clapies de fam, e tantost portavon
los als carniers.

Can Pilat fes cridar que hom manjes on qu'en trobes, ni las gens descoyravon
las portas per manjar los cuers.

(Miniature.)

[d] E can Pilat vi que tan grans gens morian de fam, que
sol .j. jorn ne trobet hom de mortz per las carrieyras. ccc. lx.,
de que ac mot gran dol e tenc se fort per marit, e fetz cridar
que totz homs que non agues que manjar qu'en prezes per tot
aqui on ne trobera. Ab aytan la p(r)aupra gen agro mot gran
gaug, e tantost viratz anar per las carieyras a grans com-
panhas la paupra gen. E qui plus vilas y era ni plus descau-
zitz, aquel ne valia mays. Et anavo espian per los ostals dels
prozomes e per las carieyras si veyrian fumar cozina ; e tan-
tost intravo s'en layns, et era tot raubat. Et enaysi en petit
de temps fo gastada folamen tota la vianda, que anc no y
troberon res que manjar. Totas las portas de Jherusalem ero
encoyradas de cuers de brufols. E las gens corrian lay e des-
coyravon las, e metian los coze e manjavon los. En la cieutat
costava .j. pa d'ieueras(?)[3] .lx. bezans, j°. poma .j. bezan, .j.
huou .v. bezans. Can venc quel barrestz fo fag de las viandas,
hanc no y trobet hom res a vendre per aur ni per argen. Mays
can trobavo los ratz per las mayos, [15 a] e llos manjavo lo
melor que y fos[4]. E fonc tan gran la destrecha que y fo del fam
que ses comte morian las gens per las carieyras.

---

[1] Suppl. *may?* Cf. p. 32, l. 28.— [2] Corr. *qui?*

[3] S'agit-il d'ivraie ? Cf. *ieuro = ebrium.* Le texte catalan dit seulement
.j. pa. On pourrait songer à corriger *de .ij.* (?) *lieuras.*

[4] Texte catalan: « los melos que i fosen. » Il ne paraît pas indispensable
de corriger.

Can la regina d'Africa era venguda en Jherusalem per Dieus pregar nil sieu sepulcre azorar, ni sa filha de la regina nil filh de sa companhieyra y moriro de fam.

(Miniature.)

El temps que Jesu Crist fo levatz en crotz, lo rey d'Africa mori. E can lo rey fo mortz, la regina sa molher no volc penre pueys marit; ans volc servir Dieus e layset tot son regisme, et ab .j^a. filha que avia venc en Jherusalem e[s] fetz batejar; et ac nom Maria. E menava .j^a. rica dona ab si, que avia nom Sabarisa et avia [b] .j. filh. E soven anavo aquestas donas al sepulcre pregar Dieus nostre senhor Jesu Crist et azorar, car fort y avian lur fe, que la regina ne avia laysada tota sa terra per servir Jesu Crist. Aquesta dona regina, ab l'autra que la servia, avian pro portadas viandas e messas per lurs obs, aysi coma se tanh a regina. Els juzieus que avian raubadas las viandas, per mandamen de Pilat, agro la tota raubada, que anc non li agro res laysat que manjar, may sol las erbas [de] .j. jardi que era e sson alberc. Aquelas cozian e manjavon las. Can totas las erbas foro manjadas, e la filha de la regina fo tan afrevolida de fam que mori ses autra malautia. Can la donzela fo morta, la regina ac gran dol, e comesset a plorar mot greumens. Lo filh de la dona quez era sa companhieyra de la regina fo atressi mortz. Las donas no saupro ques fezeso, mays que menavon gran(s) dol, et avian tan gran fam que a penas se podian sostener.

Can la companhieyra de la reginas pres .j. cartier de so filh el mes sus los carbos per manjar ni l'angil lur aparec.

[c] *(Miniature.)*

Can la companhieyra de la regina vi que la dona menava tan gran dol, dis li: « Laysem ayso estar; prengam mo filh e trenquem lo e rausticam ne .j. cartier e mangem lo. » Can la regina o auzic, de fereza que ac, cazet ablasmada. Ab aytant .j. angil venc e levet lan e cofortet la e dis li : « Dona, Dieus vos manda per mi que manges de l'efau, e sera complit so que Dieus dis lo jorn de rams, cant el intret en Jherusalem, sobre l'azena et am sos apostols, e dis Jesu Christ qu'en aquesta generatio sera postelentia en Jherusalem, de fam e de frachura, que la mayro manjara son efan, e sera destruida la cioutat, que no y romanra peyra sobre peyra, e la mort del pobol e la dolor d'els sera [d] azemplida. E per ayso, so dis l'angil, manjatz no e sora azemplit so que Dieus dis, que non pot esser-estiers fag. » L'angil se partic d'aqui e va s'en, e las donas romazero, e prendon l'efan e trenquo li lo las dreg am l'espalla, e mezeron los sus los carbos; e raustian lo enaysi co si fos autra carn. Can la carn comesset a raustir, yssic de l'ostal tan bona hodor del raust que tota la carrieyra ne flayret.

Can Pilat dis a .ij. sirvens sieus que anesso vezer on se faz[i]a aquest raust e que lin portesso.

(Miniature.)

Pilat el rey Archilaus anavon per las carrieyras, cossiran que poyrian far, et arestanquero se pres d'aqui hon era l'ostal de la regina, on raustian l'efan. E venc ne tan bona flayro[r] a Pilat que mot ac gran talen d'aquel [16 a] raust. E sona .ij. sirvens sieus, e dis lur: « Baros, anatz vezer hon si fa aquest raust, e digatz az aquel de qui e(r)s que m'en trameta, que anc de re no fu tan talentos ni tan dezirans. »

Can las donas volgron trametre per los sirveas a Pilat .j. cartier de l'efan del cal raustian.

(Miniature.)

Los sirvens van per mieg las carrieyras, senten on se raustia aquesta carn, e vengro a la mayo de la regina, e sono a la porta, et hom obric lur tantost. E can foro layns, et els saluderon las donas, e disseron li : « Donas, Pilat mo ssenhor vos manda quel trametatz del vostre raust, que anc de res no fo tan talentos ni tan dezirans. » E la bona companhieyra de la regina dis li : « Per Dieu, amix, volontiers. » Et [b] apropiet si de lay hon era l'efan, don n'ac mogut so que raustia. E pres .j. cotelh e dis lur : « Tenes me de lay, que trametray lin de tot cru, et el cogua lo a ssa guiza. » Los sirvens, can viro l'efan pessejat e que la dona lo volia may pessejar, per trametre a Pilat, agron gran fereza, que a pauc no yssiro de lur sen et anc no s'en cujero esser tornatz abora.

(Miniature, sans rubrique au-dessus.)

Vengro denant Pilat totz esperdutz. Pilat dis lur: « Cossi venet vos autres que tan feras caras portatz? Hont es lo raust? Per que no m'en avetz aportat? » Et els comtero[1] li cossi .j^a. dona avia pessejat lo latz de son efan e raustia lo, que lo volian manjar, e co ne volgro trametre [c] .j^a. pessa « a vos. E nos, cant o (a)vim, aguem tan gran fereza que anc mays tan gran non l'aguem; e fugim non, et aras no sabem hon nos em, tal paor avem[2] avuda. » Pilat, can o auzi, mot ac gran fereza, e gran paor e gran dupte; e va s'en a son palays, e gitet se e son lieg de gran marimen que ac. Las donas foron remaszudas, e comessero a manjar de l'efan. Mot ploreron e gasmenteron las donas, car li covenia a manjar de l'efan; e cascuna ablasmet .iij. vegadas a la taula, entre manjavon la carn de l'efan. Mays car Dieus o avia dig de sa boca, non podia esser estiers. Et cant agro manjat l'efan, et elhas mangero la filha quez era de la regina Maria. Aqui ac gran dolor, can la regina commesset a manjar de sa filha. E qui vezia las donas esgaymentar, era .j^a. gran piatat, que nos podian tener de plorar.

Can Pilat el rey vengro denan lo temple de Salomo, e tot lo cosselh. *(Miniature; au-dessus d'une téte:* Pilat.)

[d] Pilat ac estat e son alberc .iij. jorns et el s'en yssio, e venc ab lo rey Archilaus denan lo temple de Salamo, e fetz venir totz sos baros, et ac tot son cosselh aqui. Pilatz dis: « Senhors, yeu no veg que puscam penre cosselh contra aquest emperayre ni a ssas gens. Nos em fort destreg de viandas et es .j^a. gran meravilha(s) que ss'es endevenguda en aquesta sieutat, que las mayres manjo lurs efans. Ieu vuelh e doni per cosselh que redam la cieutat a l'emperador; e si me vol destruyr, fassa[3] o, que yeu am mays morir que si tot aquest pobol moria; que be sab l'emperayre que negus no mer mal d'aquest fag may yeu; e cre quez el aura merce de

---

[1] Ms. *comteri.*
[2] Ms. *aven.*
[3] Ms. *fasso* (l'o exponctué.)

vos autres. » Cant auziro aquest cossel, mot foron dolens, e
dissoron ploran : « Ay Dieus l que dieus[1] es l que farem de nos-
tre bo senhor e de nostro bon governador?» Los plora els crits
se leveron tan grans per tota la cieutat que anc tan gran mar-
rimen no fo auzitz per negunas gens, quez els menavo tal dol
que de la ost los podia hom auzir. E per ayso era lo gran
marrimen [17 a] que non era negun jorn que layns no mo-
risso .ccc. personas e plus de fam.

Can Pilat el rey Archilaus vengro am totas sas gens al valhat lay on era Titus emperayre novelh.

(Miniature.)

Pilat dis que en totas guizas[2] volia que fos fag so quez el
avia dig. Et armeron se elh el rey Archilaus, am .xv. melia
cavaliers, e vengro al valhat, lay deus hont era l'emperayre.
E manda Pilat que parlar volia amb elh. Can l'emperayre o
saup, venc am Thitus so filh, l'emperayre novelh, e menero
.xv. melia cavaliers ab els e Jacob e Jafel. Can l'emperayre
fo vengutz lay hont era Pilat el rey Archilaus, va comessar
de parlar Pilat a so senhor e dis li : « Senher emperayre,
ajas misericordia de me e de tot aquest pobol, [b] sit platz.
Pren ta cieutat el tezaur que say es, e laysas nos ne anar en
estranhas terras yssilhatz per lo mon. » L'emperayre respon
e dis li : « Pilat, si tu me vols redre la cieutat am tu et am
totz sels que lay so, yeu o penray per far mas volontatz, que
estiers non o penria. »

Can lo rey Archilaus respondet a l'emperador ni l'emperador ad elh.

(Miniature.)

Az ayso respon lo rey Archilaus, e dis : « Senher emperayre,
yeu fu filh del rey Herodes, senher de Gualilea, e[3] cant el de-
falhic, yeu fu reys. Pren me a merce, nom vuelhas destruir,
que anc yeu ni mos payros no fom encontra tu. » Respon
Vespazia l'emperayre : « Home que merce non a merce non

---

[1] Corr. dols?
[2] Substitué après coup à cauzas, qu'on avait écrit d'abord.
[3] Ms. s.

dou trobar. De tom payre ay auzit dir quez[1] [e] el ancic, per
Jesu Crist la profeta que los juzieus auciron a tort en Jheru-
salem, totz los efans que ane poc atrobar e son regne, que
ero de .ij. ans en aval, que ane negun non trobet merce ; et
eron per nombre .c. melia. Per ayso, dis l'emperador, ne
deves comprar la sua en[e]quitat. »

Can lo rey Archilaus fo dezarmatz nis mes l'espaza per lo cors ni Pilat s'en
tornet am sas gens en la cieutat.

(*Miniature.*)

Can lo rey Archilaus auzic ayso que l'emperayre dis, fonc
ples de gran ira, que a pauc non es enrabiatz. El dissendet de
son cavalh e dezarmet se tot ; e can fo dezarmatz, et el trays
l'espaza e dis a l'emperador : « Ja Dieus lo gran no vuelha
[d] que vos ni vostras gens paguanas vos puscas vanar de ma
mort. » E mes l'espaza per la poncha sotz la tetina, e det li
tal espencha que detras ne passet .j. palm, e mantenen el
cazet mo[r]tz ins el valhat. Can lo rey Archilaus fo mortz
enaysi, fo fort corossatz Pilat e totz los juzieus e tornero
s'en en la cieutat. Aqui viratz tal dol e tal plor per los cava-
liers del rey Archilaus e de tota[s] sas gens, que tug s'esquis-
savo e se rompian e planhian et esgaymentavo fort ; e tot lo
pobol de la vila fazia atretal, que ane sa par dolor no fo e
neguna sieutat. Can vene l'endema, Pilatz fes venir Jozeph e
Baraban[2], lo senescalc, e totz los cavaliers e tot lo pobol, e
volc áver cossel d'els, e dis lur : « Senhors, be vezetz que no
nos podem pus tener e que Dieus nos a totz oblidatz. Sains
non avem vianda ; ane mays neguna cieutat no fo en tan gran
tribulatio. Que cosselhatz que fassam ? » — « Senher, so dis
Jozeph, az ayso cal cossel podem nos donar ? que l'emperayre
no nos vol aver merce, ni non la trobam en elh. Mal cossel
te donet sel quet [18 a] cosselhet que fezesses mal contra
l'emperador, car ben podiatz saber que contra luy non po-
diam aver forsa, ni nos podiam longuamens tener. »

---

[1] Ms. *quel.*
[2] Ms. *barabasia.*

Can Pilat acosselhet que hom molgues tot l'aur e l'argen e las peyras
preciozas e que o manjesson.

(Miniature.)

Pilat respon: « Yeu no y say alres que fassam: en aquesta
cieutat a gran tezaur d'aur e d'argen e de peyras prescieuzas;
e l'emperayre am sas gens cujon o tot aver. Yeu say cossel
que ja ges non auran. Tot l'aur e l'argen fassam pizar e mor-
tiers de coyre et amenudar fort a menudas pessas; e pueys
mangem lo; e can sera tot manjat, non poyra esser trobatz
lo tezaur. E pueys redam nos a l'emperador, que aytan [b]
bona merce atrobarem coma fariam si aviam lo tezaur. » E
cant aquest cossel fo donatz, tug lo tengro per bo, et amero
mays manjar lo tezaur que si l'emperador ni sas gens l'agues.
Tantost se parton d'aqui e van s'en en lurs hostals; e cascu
pren son aur e son argen e pizeron lo, et aquels que ne
avia[n] pro donavo ne a sels que non avian, per so que pus
leu fos manjatz e gastatz. E cant ayso fo fag, e tug vengro
denan Pilat, e disseron li : « Senher, ton comandamen avem
fag ; non es romazut aur ni argen ni peyras presiozas que tot non
ajam manjat, e tota la vayselha que aviam d'aur ni d'argen.
Huey mays non podon esser manens pagas de nostre tezaur. »

Ca[n] Pilat queric perdo a tot son pobol.

(Miniature.)

[c] Apres ayso disseron: « Senher, que farem? » Pilat, can
auzic ayso, comeset fort a plorar et a desconortar denan tug
e dis lur: « Senhors, vos autres m'aviatz establit a senhor,
e voliatz que yeu fos vestre governayre. Huey may d'aysi
avan non o puecs esser; per amor de Dyeu, vos queri perdo;
si anc dissi re ni fi re a negus quel desplagues, perdonatz me. »
Can los juzieus auziron ayso, mot se desconortero, et anc non
y ac negus que nos plores, e de gran yra non pogron respon-
dre, mays que planhian e ploravon, car tug pessavon esser
destruytz. Pilat dis: « Senhors, anem nos redre a merce de
l'emperador, que val mays que si sains moriam de fam, que
non es jorn que en esta cieutat no morisco de .ccc.a.ccc.l.
presonas de fam; per que val mays que nos red[am], que
calacom n'escapara; et aysi non escapa[ra] negus, que totz
no mueyron de fam. »

Can Pilat ab totas sas gens se volc anar redre, et ysiro de Jherusalem,
e venc al valhat lay ont era l'emperayre el sonet.

(*Miniature.*)

[d] Cant aquest cossel fonc pres, Pilatz am tota sa gen
yssic de la cieutat, entro al valhat que era fag entorn lo mur.
E l'emperayre novelh anava cavalgan per aqui ab sos cava-
liers. Pilat conoc lo a sas armas, que avia[n] senhal d'aygla,
e sonet li de son gan. E can Thitus o vic, venc coren ab sos
cavaliers lay on Pilatz fo. Pilat li comesset a dir : « Senher
emperayre Thitus, enten mi : pregua a mossenher l'empe-
rayre tom payre quens prengua a merce e que aja misericor-
dia sobre aquest pobol, que aysi t'en pregua ploran. Senher
emperayre, non esgardes la[s] nostras enequitatz, may la tieua
misericordia. » Can Thitus auzic ayso que Pilat dis, anet
[19 rᵒ] a l'emperador son payre ab sos cavaliers, et el va o dir
e comtar a l'emperador. Can l'emperayre o auzic, mandet a
totz sos cavaliers armar, e l'emperayre armet se dels melhos
garnimens, e venc lay on Thitus l'atendia, al canto del valhat;
e Pilat fo deus l'autra part. Thitus comesset a parlar a l'em-
perador e dis li : « Senher emperayre, vet te que Pilat s'es
acordatz que volontiers te redra la cieutat, mays quel pren-
guas a merce. » E Vespazia respon : « Bel filhs, non es aras
hora de querre merce; elh o fa, car mays non pot. » E Vespa-
zia l'emperayre dresset se ves Pilat : « Si tu me vols redre la
cieutat e totz aquels que lay so, per far totas mas volontatz,
yeu soy aparelhatz de penre; e dic ¹ te be que aytan pauc de
merce auray de tu ni de negu coma vos autres agues de Jesu
Crist, can lo jutgetz a mort nil pendetz e la crotz. E vuelh vos
far may a ssaber que la sua mort sera venjada, que merce
no y sera trobada, ni ja merce non trobaretz ab me. »

Can l'emperayre pres Jherusalem ni fetz aplanar los valhatz ni pres Pilat ni
fetz estacar los juzieus, ni pueys fetz mercat dels juzieus .xxx. per .j.
denier.

(*Miniature occupant, comme les lignes qui précèdent, toute
la largeur de la page.*)

(a) Pilat, cant auzic ayso, fo fort yratz e tot lo pobol yssamen;

¹ Ms. *dit.*

e no saup alres que fezes. May Pilat dis a l'emperador : « Se-
nhor, pren ta [b] cieutat o tot can say a, e fay ne tom plazer,
coma senhors. » Can l'emperayre auzic que Pilat li redot la
cieutat, el fetz tantost aplanar los valhatz ; e [o] tantost can
foro aplanatz, et el trames .iij. melia cavaliers ben armatz, que
intresson en la cieutat e que seresson los portals, que negus
non pogues yssir. L'emperayre novelh intret laïns, am [1] Jacob
et Jafel ; e can foron intratz en la cieutat, Thitus pres Pilat e
comandet lo a .xxx. cavaliers, que lo gardesson be. Jacob pres
Jozeph, e Jafel pres Baraban. E Vespazia l'emperayre intret
am tota sa gen, e tantost comandet que hom estaques los ju-
zieus e que hom lin menes .x. denan sa cara. E can los li [2] agro
amenatz, elh sonet los cavalier[s] e dis lur : « Baros, aquesta
cieutat avem e nostre poder, et am gran trebalh que y avem
trag. Aras, la merce de Dieu, avem la a nostra volontat ; et
yeu vuelh far mercat dels juzieus, car elhs comprero nostre
senhor Dieu Jesu Crist, que sanet mon cors de la gran ma-
lautia de que era tan destreg. Els lo comprero .xxx. deniers ;
et yeu donaray d'els .xxx. per .j. denier ; e quin vol comprar
ven-[d]-gua avan. »

(Miniature ; une rubrique au-dessus paraît avoir été grattée.)

Ab aytant venc .j. cavalier denan l'emperador e dis li : « Se-
nher, yeu ne vuelh denayrada. » Et aytantost fes los lieurar.
E can lo cavalier ac sos trenta juzieus resseuputz et ac pagat
son denie*r*, el tenc .j. espiaut en la ma, e venc denan los juzieus
que ac compratz, e fer ne .j. ab l'espiaut per mieg lo ventre,
si que l'espiaut li fes passar d'otra lo cors .j[a]. brassada, e tan-
tost cazet mortz. El cavalier tira l'espiaut ves si e trays loy del
cors, [20 a] et, al tirar que fes, de l'aur e de l'argen quel ju-
zieu avia manjat sautet foras. Lo cavalier ac meravilhas, can
vi que totz era ples d'aur e d'argen. Pren .j. d'aquels juzieus
per la ma e desliet lo e tira lo a part, e dis li : « Digas, sabes
tu d'aquest juzieu cossi era ples d'aur ? » — « Senher, so dis lo
juzieu, si vos m'assegurátz, yeu vos diray veritat. » Lo cava-
lier asseguret lo, el juzieu li comta cossi Pilat lur fes manjar

---

[1] Ms. *an.* — [2] « los li ». Ms. *loy.*

tot lo tezaur de Jherusalem, aur, argen e peyras pressiozas,
e totz los bezans e tota la vaysselha d'aur e d'argen que era
en Jherusalem, per tal que l'emperador ni sas gens non fosso
rix ni manens ni non poguesso ges atrobar: « Et enaysi, se-
nher, fo tot lo tezaur gastatz e partitz a tota gen cominal-
mens, que aquels que ne avian pro ne donavon az aquels que
non avian ges. Et enaysi, senher, fo tot lo tezaur de Jherusa-
lem manjatz e gastatz per las gens, e per lo cosselh de Pilat. »

Can lo cavalier fes tolre la testa als autres que ero remazutz, ni los fetz fendre
am .j. cotel per tira[r] l'aur.

(Miniature.)

Can lo cavalier auzic ayso, ac mot gran[s] meravilhas; e sona
.ij. escudiers sieus e comandet lur que als .xxviij. juzieus que
avia compratz tolguesson la testa, que anc non retene may
aquel que avia assegurat. E totz aquels foro escapitatz, et elh
fetz fendre ab .j. cotelh per mieg lo ventre e triar l'aur e l'ar-
gent. Cant ayso fo sauput per tota la ost quels juzieus eron
ples d'aur e d'argen, que l'avian manjat, adonx vengron grans
gens a l'emperador e dizian li : « Senher, fay m'en denayrada. »
E l'emperayre fetz ne lieura[r] a totz los cavaliers qu'en vo-
lian denayrada. E tantost can los avian avutz, els los aucizian
e fendian los per lo ventre, per aver lo tezaur que avian el
cors. Mal cosselh donet Pilat [v°] que granre ne moriro per
lo tezaur que avian manjat, qu'en escaperant, si no fos man-
jatz.

Can l'emperayre no volc pus vendre dels juzieus, may que fes portar los mortz
als carniers e deroquar los murs de la cieutat.

(Miniature de la largeur de la page.)

(c) Can l'emperayre vi que tans compradors avian los ju-
zieus e tans n'avian compratz, e vi que totz los aucizian, fetz
comtar(tar) cans n'i avia remazutz. Comtet hom que non y
avia romazutz mays .vj. denayradas, que totz los autres foro
vendutz. Empero l'emperayre dis que non volia pus vendre,
que aquels retenia a ssos obs. La mort fo facha dels juzieus en
Jherusalem, que foro vendutz .xxx. per .j. denier, que bem

foro mortz .lxx. melia e plus. E ja per la cieutat non pograts
aner mays per mortz, e tugtz eron enbaconatz, coma qui los
volgues salar. Mala manjero lo tezaur que Pilat lur acosse-
lhet. Can la mort fo facha, l'omperayre los fetz totz a-[d]-por-
tar als carniers, et apres el fetz deroquar los murs de la cieu-
tat, si que anc no y romas peyra sobre peyra, mays tan sola-
men lo temple de Salamo e la tor de David, que Dieus no vo-
lia ques deroques. Ab aytan fo azempli[t] so que Dieus avia dig
de sa boca, lo jorn de rampalm. Thitus l'emperayre novell
anet per la cieutat[1] et ac fachas penre(s) totas las armaduras,
aubertz, elmes, cubertas de cavalhs, lansas, espazas, e totz
los rix guarnimens, del(a)s cals era ben garnida la cieutat, e de
drap de seda, polp(l)ras et ermenis, els gris, de que avia gran
plenetat. Mot n'ac gran riqueza l'emperayre novelh ; may ne-
gun tezaur [21 a] non troberon[2], quels juzious ho avian tot
manjat per cosselh de Pialat. Mala fonc donat lo cosselh de
Pialat, que tant ne moriron que anc non romaron a vida mais
.ix.xx. Aisso foron las .vj. denairadas que l'emperayre re-
tenc a ssos obs. La regina d'Africa e la dona Sabarisa, que
desus n'avem facha mensio, trobet hom mortas en lurs alberos,
et de femnas e d'efans et de gens menudas per la cieutat ses
nombre, que tug eron mortz de fam.

Can los emperadors s'en volgron tornar en lurs teras e meneron Pilat els
autres juzieus.

(Miniature.)

Can la cieutatz fonc derocada e la mort dels juzieus fo facha,
los emperadors s'en volgron tornar en lurs terras ab lurs gens.
E meneron Pilat e las .vj. denayradas dels [b] juzieus prezes
et estacatz ; e vengro en Acre. Can l'emperayre ac sojornat
.iiij. jorns en Acre, et el fetz aparelhar .iij. naus e mezeron
en cascuna nau .lx. juzieus, et am gales fezeron las trayre del
port d'Acre.

[1] Après ce mot il y a dans le ms. quatre lignes en renvoi au bas de la co-
lonne, dont quelques mots seulement sont lisibles. Les premiers sont *e dedins*.
[2] Ce qui suit, à partir d'ici, jusqu'à *denairadas* inclusivement (trois lignes
plus bas), est d'une autre main et d'une autre encre et paraît avoir été écrit
sur un grattage.

Can los juzieus foro messes en las naus ni las [naus] feron velas.
(Miniature.)

E can las .iij. naus foro denan lo castel que a nom Cayfas, e las naus fezeron velas, e layset las om anar lay on Dieus las laysera anar. Los juzieus non agro pa ni vi ni carn ni aygua ni hom que saupes las naus governar. Mays per volontat de Dieu e car Nostre Senher volc que tostemps fos remembransa de la sua passio en elhs e que fezesso miralh a sels quels vey-rian, donet lur temps que la .jᵃ. nau venc aribar a Nar-[c]-bona, e l'autra a Bordeus, e l'autra en Englaterra. E tug ven-gro sas e sals en las terras e cujero se que Dieus o agues fag per amor d'els. E Dieus non o fes, mays que volc que tostemps los reprezes hom de la sua mort e de la sua passio. Los ju-zieus son aribatz, e laysem los estar ; e parlem dels empera-dors, que son en Acre ab lurs gens, que volgron tornar en lurs terras.

Can l'emperador se reculhic en las naus am tota[s] sas gens.

(Miniature.)

Vespazia Sezar l'emperayre comandet a sson senescalc et a Jacob et a Jafel que fasson aparelhar las naus, que mestiers lur sera a lurs gens. Et els o fan tantost, e mezero y aygua pro e bescueg e vi e farina e carn salada e gualhinas e fru-[d]-chas e tot can mestiers lur ac. Can las naus foron ben garnidas de las viandas que mestiers y sson, fetz reculhir los saumiers e los cavalhs e las armaduras. E can fonc tot recuilhit, e las naus yssiron del port. Los emperadors foron reculhitz am tota[s] lurs gens, e las naus feron velas. E Dieu donet lur bon temps e vengron navejan per la mar, et a cap de .x. jorns vengron aribar al port de Barlet, e cant agro sojornat, els vengro en Roma.

Cau san Clemens l'apostoli li fetz yssida am gran prossessio ni lo bayet.
(Miniature.)

Can l'apostoli san Clemens saup quels emperadors venian, ven lur encontra am gran prossecio de [22 a] clergues. E can l'emperayre Vespazia vic l'apostoli venir az elh ab tan gran

4

prosseoio, ac gran gaug; e correc lo abayar et abrassar; e l'emperayre novelh fetz atretal. Mot ac gran gaug en Roma per los emperadors e gran alegrier, cant ac venjada la mort de Jesu Crist, e car es tornatz ab sas gens, sas et alegres. E san Clemens prezicava cascun jorn, e l'emperayre auzia lo mot volontiers, e tug los baros atresi.

Can san Clemens l'apostoli batejet l'emperayre e so filh e totz los baros.

(Miniature.)

Can l'emperayre ac sojornat .viij. jorns, san Clemens lo venc vezer e dis li : « Senher, Jesu Crist t'a facha gran honor de tos enemicx, et as complit to viatge a [b] ta volontat. Lo(s) covinen(s) que as promes a Nostre Senhor aten loy alegramens et am cor joyos. » L'emperayre dis li que era aquo. L'apostoli san Clemens dis li : « Quet fassas batejar, aysi coma tu m'o covenguist. » L'emperayre dis : « Al plazer de Dieu sia fag ; yeu o autrey, e fays o aparelhar e santificar las fons. » L'apostoli san Clemens se part d'elh alegres e lauzava Dieus e la seua virtut. Apres .iij. jorns, el ac fachas aparelhar las fons, e batejet l'emperador Vespazia, e nom del Payre e del Filh, e del Sang Esperit, et anc non li cambiet so nom. Apres el batejet so filh Thitus, l'emperayre novelh. Apres el batejet Gay lo senescalc, e Jacob e Jafel de Jafa. Apres el batejet los reys els comtes els dux els marques, e tug li baros els cavaliers. Can tota la cavalaria fonc batejada [e] tot l'autre pobol viron que batejatz s'eron, vengron a san Clemens e disseron li : « Senher, bateja nos, et essenha nos a creire la ley de Jesu Crist. »

Can san Clemens benezic .x. [c] concas d'aygua e fetz intrar lo pobol lay[n]s per batejar.

(Miniature.)

Can san Clemens auzic las gens cridar, ac gran gaug e fetz gracias a Nostre Senhor ; pueys fetz omplir .x. conc(c)as d'aygua e sonhet las, e pueys fetz intrar lo pobol lains en l'aygua, e ditz : « E nom del Payre e del Filh e del Sant Esperit, e sseretz batejatz. » Can lo pobol o auzic, volontiers s'i mes cascu, et agro ferma crezensa en Jesu Crist. E can negun

malaute se batejava, de qualque malautia agues, tantost co
yssia de l'aygua, era totz gueritz. Can tot lo pobol fo batejatz
e vezian los miracles dels malautes, non crezia hom per tota
la terra de Roma may sol en Dieus Jesu Crist. Los malignes
temples que y ero de los demonis, aba-(d)-teron los volontiers,
si que anc res no y remas. Neys las fonzamentas derocavo,
per so que res de mal no y agues. Can las gens se partiro, que
agron pres comiat de l'emperador e de san Clemens, tornero
ss'en en lurs teras. E can lay foron, cascu portet escricha sa
crezensa de Jesu Crist : *Credo in Deum patrem omnipotentem.*
Cascus fetz bateja[r] los homes de sa terra. Apres pauc de
temps volc Dieus que la crestia[ntatz] crec, e l'apostoli san
Clemens trames los prezicar per las terras. Can tota la terra
de l'emperador fono convertida e gitada de la error de las
ydolas, no y crezet hom ni y azoret may Jesu Crist, Dieus
veray.

Can l'emperador fetz venir los senadors de Roma que desso
sententia a Pilat.

(Deux miniatures superposées.)

(23 *a*). L'emperayre Vespazia fetz venir so filh Thitus, e
foron al palays .j. dia mati, cant agro auzida la messa, que
san Clemens avia cantada. Los emperadors tramezeron querre
los senadors de Roma, e can foro vengutz denan los empera-
dors, Vespazia lur comandet que jutgesso Pilat, segon so que
era forfag. Els senadors[1] tireron se a part a cossell e disse-
ron los forfatz de Pilat. E torno ss'en denan l'emperador, can
se foron acosselhatz e disseron li : « Senher, nos conoyssem
que Pilat a mort deservida. Cant aura estat lonc temps en
prezo, nos volem quel trametatz a Viana la cieutat, lay on si
fan las justezias d'aquels que an mort deservida en Roma e
que encontra no s(a)ia fag. E per ayso lo vostre honrat payre
Tiberi Sezar volc que lay se fezesso las justezias; e per ayso
nos fam aquest jutgamen. »

---

[1] Ms. *essemdors* (?)

Can Pilat fo menatz pres e liatz a Viana.

(Deux miniatures superposées.)

Can l'emperayre auzic que a mort l'avian jutgat, comandet als .xxx. cavaliers que l'avian en garda que ades ses tot alongamen lo menesso a Viana la cieutat. Los cavaliers feron son comandamen tantost, e porteron en escrig la sententia quels senadors de Roma agro donada. E can saupro a Viana que aquels cavaliers ero messatges de l'emperador, honrero los fort e recupron los ab gran honor et ab gran gaug. Els cavaliers prezeron Pilat, de part l'emperador et al justecier da Viana rederon lo, e bayleron li la sententia escricha, que avian donada los senadors de Roma.

Can Pilat fo messes en prezo ni pueys en lo Rozer, en .j⁰. tor,
aysi cant auziretz.

(Miniature.)

[c] E can lo justecier vic la sententia quels senadors de Roma agron donada contra Pilat, mantenen pres lo e mes lo en¹ .j. potz encontra l'aygua; et avia y .j⁰. cadieyra on l'asec, e pueys venc .j⁰. barra tornadissa ampla desus que era encadastada am la cadieyra; e mes lay denan los pietz, e claus lo am .j⁰. cadena, et anc non ac poder ques mogues. Pueys el li mes unas buejas de fust als pes, et aqui estet de nueg e de jorns. E dava li hom a manjar del pa e de l'aygua petit, que ben manjera mays la me[y]tat. En aquest caytivier estet Pilat .ij. ans, et a cap de .ij. ans lo justicier lon trays et ostet li las buejas, e fonc tan caytieus e tan dessemblatz e tan fenis que anc nos poc sofrir, e fo tan pelos que nol parec huelh ni cara. Lo justecier lo pren e leva lo en .j. poli, e d'otra lo pont de Roze el s'en anet amb elh. Et aqui avia .j⁰. mayo hon metia hom totz aquels que avia[n] facha trassio, el Rozer revironava la tot entorn, e no y podia hom intrar may ab .j. batelh. Lo justicier fa obrir e mes lo laïns. Aytantost cant [d] Pilat fonc laïns en la mayo, comesset a crotlar fort et a tremolar. El justicier, cant o vi, ac paor e fugic s'en, que anc no y auzet

¹ Ms. *et.*

estar. E can s'en fo m[og]atz[1], la mayo se fondet e s'en intret
en abis, que anc non vic hom peyra ni saup hom que s'ende-
venc; mays encaras y conoys hom lo luoc cant y ve tornejar
l'aygua.

Enaysi cant avetz auzit fo venjada la mort de Jesu Crist
per Vespazia Sezar, l'emperador de Roma, e per Thitus so[2]
filh. E Jafel de Jafa escris tot aquest fag per cosselh de Jacob
e de Joseph, que estet pres en Jherusalem tro que la cieutat
fono preza. Et els foro ad aquest fag, et acorderon se totz
.iij. e disseron la veritat, e Jafel de Jafa o escris. Amen.

[1] Un trou dans le parchemin.
[2] Le ms. répète sa.

NOTES

Page 7, ligne 13. « e la perdicion. » Est-ce *en* ou *el ?*

Ibid., l. 16. « com hom » = *com si hom*. Cette omission de *si* se constate assez souvent, mais moins fréquemment que celle de *que*, en provençal comme en vieux français.

8, l. Suppr. *com ?*

8, 14-15. Lacune après *volonties ?* Ou corr. *a las gens.... escollel lo... ?*

8, 26. « contrags. » Il eût mieux valu écrire *contrag*. Voy. la note sur 10, 29.

8, 39. « agues. » Corr. *cregues ?*

9, 3. « anavan. » J'aurais dû écrire *anavo*. Cf. la note sur 13, 8.

9, 21-22. « E si *la* profeta me vol guerir, ieu *lo* venjarai. » Plus loin (11, 8-9), notre texte est plus conséquent : «... en *la* santa profeta ni azora *la* »; mais plus bas de nouveau *lo* reparaît dans *el vi e lo vi* (13-14).

9, 29. « cavalh. » L'*l* double donne presque partout, comme ici, dans notre ms., une *l* mouillée : *elh, elha, castelh, cotelh, valh, valhal*, etc., etc., *passim*. Les formes telles que *els, ela, castel*, y sont rares. On peut supposer que ces dernières ont été introduites par le copiste, ainsi que celles, également peu nombreuses, où une *l* mouillée d'une autre origine (*cl* ou *li* + voy.) a été réduite à *l*, comme *aparelet* (9, 29), *cossel* (38, 1 ; 39, 29).

9, 33. Inutile sans doute de faire remarquer que *majer* est ici substantif, comme dans *major domus, major palatii*.

9, 34. « bregua », suite, troupe (accompagnant quelqu'un). Acception que Raynouard n'indique pas. Cf. *brigade*, et voy. Diez, sous *briga*, Littré, sous *brigue* et *briguer*.

10, 13. « no ss'era. » Inutile d'avertir que le ms. écrit, comme un seul mot, *nossera*, et de même dans tous les cas pareils (*essonet li*, 11, etc., etc.). L'*s* est redoublée pour indiquer qu'il faut la prononcer dure. J'ai partout comme ici séparé, pour la commodité de la lecture, les mots ainsi réunis, mais en conservant les deux *s*.

10, 14. « Can lo senescalc..., e Jacob. » *E*, ici, n'a pas sa valeur ordinaire de copule, non plus que plus loin, 12, 21 ; 14, 34 ; 16, 7 ; 20,

14; 28, 3, etc. On pourrait le traduire par *alors*. Sur cet emploi très fréquent de *et* dans l'ancienne syntaxe romane, voy. Diez, III, 317.

10,17 et 35. « puecs. » De même 40, 28. Est-ce une métathèse de *puesc* ou une transformation directe de *pocs*, qu'a dû donner *potsum* au début, mais dont je ne connais pas d'exemple ?

10, 21. « li rendet gracias a Jacob. » Pléonasme du pronom pers. datif, dont les exemples ne manquent pas ailleurs. Cf. ci-après 35, 22, un cas analogue.

10, 24. « se pleu », se fie, a confiance; de *plevir*. Acception que Rayn. n'indique pas.

10, 26. « se destrenh », est dominée (le moyen pour le passif), est sous l'autorité de. Cf. p. 7, l. 3-4. Raynouard : *Destrenher*, presser, opprimer.

10, 26. « pejoyra », empire. Rayn. n'a que *pejurar*.

10, 29. « de pes que aja » = de ses pieds. Idiotisme à remarquer, et dont les analogies ne manquent pas dans l'ancienne langue, tant française que provençale.

10. 29. « de nuegs. » L's ici, comme dans *gaugs* (19, 7), est exceptionnelle, car notre texte, comme beaucoup d'autres, la rejette ordinairement après *g*, sans doute parce qu'elle y ferait double emploi, *g* (= *ch*) se prononçant probablement comme *ts*. Si l's est conservée (sous forme de *s*), ce qui est rare, et ne se remarque que dans des dérivés de *ct*, c'est que le *g* ne s'est pas développé, le *c* qui devait lui donner naissance étant tombé ou s'étant vocalisé: *destruits* 25, 15 ; *forfatz*, 47 ; *pietz*, 48, 20 : au contraire, *pieg* = *pejus*, 25, 1.

11, 2. « sabes », sais dire, et non pas seulement sais. *Saber* a assez souvent cette acception, que R. n'a pas relevée.

11, 5. Lire en deux mots *essenha la*.

11, 6. « e non la nos sela. » La gram. provençale voudrait *seles*. Mais on trouverait çà et là d'autres exemples de cette irrégularité, due peut-être à l'influence du français.

11. 6. « averiscatz. » *Averir*, synonyme, ou à peu près, de *averar*, que l'on a plus loin (19, 21), manque dans Raynouard. On remarquera ici, comme en beaucoup d'autres endroits de notre texte, le mélange de *tu* et de *vous*, si commun dans les chansons de geste.

11, 22. « E si yeu von dizia.j. yssemple... » Tour remarquable, que le langage familier affectionne encore pour sa vivacité.

11, 29. « Jon. » Cette forme contractée de *Joan*, devenu préalablement monosyllabe, se rencontre en d'autre textes (Gévaudan, Rouergue, etc.).

11, 38. « fasia », face. Plus loin *fassia*. Rayn. : *facia*.

12, 25. « messatgies » = *messatgiers*. En beaucoup d'endroits, comme ici, notre ms. réduit à *s* le groupe final *rs*. Voy. 21, 3 ; 29,

25 ; 34, 6 ; 41, 17. Dans le corps des mots, on a de même *cosier*, 23, 16, à côté de *corsiers*, 24, 26 ; *cosses* 33, 22. C'est peut-être par suite de cette habitude de réduire rs à *s* qu'on trouve 9, 22, et 27, 1, *pesert*, au lieu de *per sert*, que j'ai cru devoir rétablir, et aussi 33, 33, et 39, 17, *mots*, que j'ai corrigé également, au lieu de *morts*, (où *rts* s'était déjà affaibli en *rs*?) — Le phénomène inverse, c'est-à-dire l'introduction abusive d'une *r* (rs = ss ou s) se remarque dans *forsat*, 30, 22 et dans *ers* = *es*, 36, 19. L'*r* finale, sans *s* qui la suive, est également tombée dans l'infinitif paroxyton *coze*, 34, que je n'ai pas modifié parce que des formes pareilles se rencontrent assez souvent dans des textes du XIV⁰ siècle, et dans le substantif *flayro*, 36, 16, ainsi que dans les infinitifs oxytons *baya* (28, 14), *liu ira* (43, 20), *bateja* (47, 11), etc., où j'ai cru devoir la suppléer, parce que les formes de ce genre ne se rencontrent alors qu'exceptionnellement.

12, 25-6. « mos senher e to senhor que es. » Emploi à remarquer du pronom relatif en fonction d'attribut, et non de sujet : « et ton seigneur *qu'il* est. » Cf. 11, 20. Les tours pareils ne sont pas rares dans l'ancienne langue non plus que dans les dialectes modernes.

12, 27. « az o mal fag. » *Sic.* Corr. *as.* On a de même, 35, 1. 36, *azena.*

13, 4. « regonogues ». De même plus loin (19, 11) *regonogra* ; formes où le c latin médial a été traité exceptionnellement comme si le verbe n'était pas composé. Rayn. n'a que des formes en *c.*

13, 8, 9. « poyrian.... trobarian ». L'*a* latin de la troisième pers. du pluriel est ainsi toujours conservé, quand un *i* vient à le précéder. Autrement la terminaison est en *on* (o) : *ero* 33, 25 ; *manjavon*, 34, 2, etc., sauf pourtant au second conditionnel : *escaperant* (43, 24).

14, 23. « tanta d'onor. » De même 15, 25 ; 24, 3 et 4 ; 29, 1. Sur cet emploi, en quelque sorte pléonastique, de la préposition *de* après un adjectif de quantité décliné, comme si c'était un neutre *substantivé* (*tant, pauc*, etc.), cf. *Deux mss. provençaux du* XIV⁰ *siècle*, p. 172.

16, 5. « ieu ». Lis. *de tu*, mieux indiqué par le ms. (Voy. la note au bas de la page.)

16, 14. « fag ». Forme constante de *factum* dans notre texte, où *ct* donne partout *g* en finale ; Dans le corps des mots c'est *ch* : *facha, poncha, espencha*, etc. — *di* + voyelle donne pareillement *g* : *gaug, deg, veg.* Dans tous ces cas, *g* n'a, bien entendu, d'autre valeur que *ch.*

16, 25. « que seguesso », qu'ils s'assissent, du prétérit indicatif *sec*, qu'on a plus loin dans le composé *asec* (48, 18). De ces formes on déduisit analogiquement un subj. présent *sega*, qu'on trouve ailleurs.

17, 2. « al sepulcre. » Corr. *el.*

Ibid., 1. 9 du bas. « dich ». Corr. *dig.* Cf. la note sur 16, 14.

18, 18. « tornetz » (ms. *torna*). Il eût fallu aussi corriger *poyrota*; mais peut-être vaudrait-il mieux supprimer, sans autre changement, le premier *que*.

18, 33. « gleya. » De même *mayo* (34, 36, 48) *bayar* (46); c'est-à-dire que, dans notre texte, le groupe lat. *si* entre voyelles se réduit à l'*i* consonne.

19, 15. « el nen sseria destruitz ». A remarquer cette forme *nen*, aujourd'hui si commune, et dans laquelle sont fondus *ne* et *en*. Notre texte n'en offre pas d'autre exemple.

19, 17, 19. « ditz », pour *dis (dixit)*.

19, 25. « E vet vos... del tieu perboat co t'es fizels » = et voilà comme ton prévôt t'est fidèle! Tour très-commun dans l'ancienne syntaxe.

20, 7. « L'emperayre am tota sa gen se reculiron. » Remarquer *am* (avec) jouant le rôle de *ei*. De même 17, 19; 32, 30, etc. C'est une espèce de syllepse, dont on trouve, au reste, des exemples en d'autres textes, et qui est encore aujourd'hui du plus grand usage dans le langage familier.

20, 10. « solhelh. » On trouve ailleurs, et en assez grand nombre, des exemples du changement qu'on remarque ici de l'*l* sèche de *solelh* en *l* mouillée.

21, 2. « emprezero », convinrent. *Emprendre*, parmi ses autres significations, a celle de *convenir, faire un accord*, que Rayn. ne mentionne pas.

22, 18. « adantar », et plus loin (33, 2), « azantar ». Raynouard, qui ne donne que la première de ces formes, n'indique d'autre acception que celle de *déshonorer*. Mais ce verbe a ici le sens de *affronter, attaquer.*

23, 7 du bas, mettre des guillemets après *layns so.*

23, 15. « dis que aquel. » On sous-entend *era*, c'est-à-dire le verbe de la phrase à laquelle celle-ci répond; ce qui se remarque en bien d'autres textes.

23, 22. « volgist ». Prononcer comme s'il y avait *volguist*. On sait que les fautes de ce genre ne sont pas rares.

23, 24. « dissis ». Seul exemple ici d'une réduction (*st* à *s*) qui n'est pas rare, en d'autres textes, à cette 2e pers. du parfait. Nous avons, même page, les formes régulières *saupist, tramesist, volgist*, qui autoriseraient sans doute à corriger *dissist*.

23, 29. Mettre des guillemets après *so.*

24, 12. « ij. mezes. » Même allongement en *es* d'autres noms ou participes « intégrals », selon la terminologie des *Leys d'amors*,

p. 32, 1. 27 (*lusses*, mais *las* même page) ; 33, 22 (*cosses* = *corses*) ; 44, 28 (*prezos*).

24, 14. « Flum del dialble. » On remarquera [ici et plus loin (25, 26 ; 26, 2, 10) cette forme *dialble*, que je ne me rappelle pas avoir vue ailleurs.—C'est sans doute le Jourdain que l'auteur veut ici désigner. Il semble confondre ce fleuve avec la Mer Morte, dans laquelle il se jette, et qui était appelée au moyen âge *Mer du diable*. Voy. *Ernoul le trésorier*, p. 68. Cf. Chrestien de Troyes (*Chevalier à la charette*) :

> Et voient l'eve felenesse,
> Rade et bruiant, noire et espesse,
> Si lede et si espoentable,
> Com se fust li Fluns au deable.

24, 20. « e disseron tug que fort o tenem a bo. » Tour dont on a ailleurs d'autres exemples, et qui est identique à une tournure grecque bien connue, où un discours direct est annoncé par ὡς, comme ici par *que*. Dans « els disseron que oc » (21, 27), comme dans le français correspondant : « ils dirent que oui », on a aussi le même tour.

24, dernière ligne. « a la cieutat. » Lis. *e la c.*

25, 6. « partic. » Les prétérits des autres verbes en *ir* ont de même leur 3ᵉ pers. en *c* ; mais cette 3ᵉ personne est partout en *t* dans les verbes en *ar* et en *er* : *anet, comtet, cazet* (25, 6), etc., etc.

25, 23. « mestias » = *mestiers*. Sur ces formes *ia(r)* = *ier*, voy. la *Revue*, t. XIX, p. 234. A rapprocher *piatat*, 37, 19.

26, 5. « e las carns et el fes salar. » Remarquer cet emploi pléonastique de *et* devant un verbe que son régime précède. A rapprocher du cas signalé plus haut (10, 14), où *et* peut se placer devant la proposition principale, même si celle-ci suit une proposition secondaire commençant par *et*, comme 20, 14 ; 28, 28-29 ; 36, 27, etc. Cf. 33, 22 : *et apres et el fetz*.

26, 21. « am la un pe », c.-à-d. qu'il aurait donné un de ses pieds à couper pour être dehors.

27, 9. « et elh que es pagas. » Sur cet emploi pléonastique de *que*, cf. *Revue*, IX, 196, 1. 1 ; XIII, 288, n. 1.

27, 9. « creyre mens. » Comme *mescreyre*, dont les éléments seraient transposés.

27, 10. « malvayra », pour *malvayza* ; seul exemple ici d'une mutation (*z* en *r*) pourtant bien commune dans la région (celle de Béziers) où notre ms., d'après l'opinion de M. Paul Meyer[1], aurait été exécuté.

27, 14. « jotz » = *jos* ; forme née sous l'influence analogique de *sotz*. Rayn. ne la relève pas, bien qu'elle ne soit pas rare.

[1] Cf. ci-dessus, p. v.

28, 19. « cossi es avut » = *a estat*. Exemple à noter de cet échange de rôles, d'ailleurs bien connu, entre les deux auxiliaires.

30. 15. « lo fo fag. » Sur *lo*, pronom neutre sujet, comme ici, voy ma *Grammaire limousine*, p. 369.

31, 12. « dous », plus bas *deus*, = *deves*. Rayn. n'a que *daus*.

31, 19. « las ost. » De même 32, 7. Cette omission de la sifflante flexionnelle, après le groupe *st*, n'est pas rare. Mais l'usage le plus ordinaire est de sacrifier l's du radical. On a pourtant ici même *ostz* 31, 3, et *aquests* 26, 34.

32, 3. « ab tota lur gens. » Corr. *gent* ou *totas*.

32, 26. « cuyssas. » Faudrait-il corriger *cueyssas ?* La triphthongue *uei* se réduit d'habitude à *ue* (cf. *ibid*. l. 31, *pues* [1]) ou à *ei*.

33, 21. « es paors » = il est à craindre.

34, 26. « barrestz », pillage, comme *barrei*, substantif du verbe *barrejar*, dont nous avons peut-être ici une autre forme. Cf. *pietz* = *pejus*. L's aurait été introduite devant *tz*, comme dans *crosts* (11, 28) et *corsta* (13,34), d'après l'analogie d'*aquestz, ostz*, etc. Cf. là-dessus mes remarques sur le texte du *Liber instrumentorum memorialium*, p. LXVIII, n. 1.

34, note 1. Lire p. 35, l. 17.

35, 22. « sa companhieyra de la regina. » A noter ce pléonasme de l'adjectif possessif, qui n'est pas, du reste, un fait rare [2]. Cf. l'exemple, relevé ci-dessus (10, 21), de pléonasme du pronom personnel.

35, 26. « reginas » = *regina se*. Ou corr. *regina?*

36, 24. « per mieg las carrieyas. » Peut-être vaudrait-il mieux écrire *permieg* en un seul mot, comme le français *parmi*. Rayn. n'a pas d'exemple de cette invariabilité de *mieg*, que pourtant on remarque assez souvent.

36, 27. « saluderon las donas e disseron li. » A remarquer cet emploi de *li* pour *lor*, déjà conforme à l'usage moderne, et dont j'ai relevé ailleurs quelques autres exemples. De même 37, 13 : « Mot ploreron las donas, car li convenia... »

37, 3. « venet. » Seul exemple ici de la réduction, commune en d'autres textes, de *tz* (2e pers. du plur.) à *t*. Peut-être eût-il mieux valu rétablir le *s*, comme on a fait, p. 26, l. 5, celui de *fets* (= *fecit*). — Les formes en *s* pour *tz*, dans notre texte, sont au contraire assez fréquentes : *digas*, 11 ; *fays*, 14 ; *fes*, 25, 26 ; etc.

37, 14. « entre » = tandis que. Rayn. *entre que*.

37, 20. « Salomo. » Lis. *Salamo*.

---

[1] On a plus loin (40, 8) la forme pleine *pueys*.

[2] Voy. *Revue*, XI, 215.

38, 2. « Que dious es. » Ces mots manquent dans la version catalane. *Dieus*, ici, paraît signifier *deuil*. Cela ferait penser que notre texte dérive d'un original français. Cf. ci-dessus la note sur 11, 6.

38, 9. « am totas sas gens. » *sas* = *lor*. De même plus haut (21, 1) *s'en amaguero en una clota seua.* J'ai relevé plusieurs fois, en d'autres textes, des exemples pareils.

39, 22. « sa par dolor », sa pareille douleur, c'est-à-dire « douleur pareille à celle-là ». Les exemples d'un semblable emploi de l'adjectif possessif, avec *par,* ne sont pas très-rares.

40, 5. « prescieuzas. » A l'époque où notre ms. fut exécuté, le groupe dissyllabique *ió* avait dû passer déjà, dans beaucoup de lieux, ce qui est aujourd'hui général, à la diphthongue *iu,* et, par suite à la triphthongue *ieu (passió — passiu — passieu) ;* cf. *riu-rieu.* De là cette forme *prescieuzas,* introduite sans doute par le copiste, à côté de *preciozas,* qu'on trouve plus bas, à moins qu'on n'y veuille voir une forme française.

40, 13. « sas gens l'agues. » Corr. *l'aguessa!* ou *sa ?*

40, 37. « calacom », quelqu'un, et non pas *chacun,* comme dit Raynouard, dans la traduction qu'il donne de ce passage, t. V, p. 2 *b* du *Lexique roman.*

41, 8. « sonet », appella (sans parler ni crier), fit signe de venir. Acception dont Rayn. n'a pas d'exemple, et qu'il n'indique pas.

41, 15. « et el va o dir » = *et el o dis.* Sur cette périphrase, voy. la *Revue,* XXXII, 511, n. 1.

42, 25 et 27. « espiaut » = *espieut.* Ce renforcement de la triphthongue *ieu* en *iau* est commun en d'autres textes. Cf. *Revue,* t. XIX, p. 234. A rapprocher du renforcement de *ie* en *ia* dans *mestias, piatat* (ci-dessus, sur 25, 23).

42, 29. « de l'aur e de l'argent sautet foras. » Remarquer cet emploi, rare en provençal, du génitif partitif comme sujet. Cf. *Deux mss. provençaux du XIVe siècle,* p. 172.

43, 24. « escaperant. » Seul exemple dans notre texte de 3e pers. plur. en *t,* et aussi de 3 pers. plur. du 2e conditionnel.

44, 2. « coma qui volgues », comme si on eût voulu (*si quis voluisset*). De même aussi peut-être 34, 1. Voy. la note 2 au bas de cette page.

44, 15-17. « juzious..... Pialat. » Formes différentes de celles que présente ailleurs le ms. pour les mêmes mots, et plus récentes. Voir la note 2 au bas de la page.

44, 20. « la dona Sabarisa, que desus n'avem facha mensio. » *que. . ne* = dont: pronom relatif remplacé, comme aujourd'hui, par ses éléments logiques. Cf. là-dessus *Revue,* IX, 356.

46, 1. « abayar. » Vaudrait-il mieux lire *a bayar* en deux mots ? Raynouard n'a que *baisar.*

46, 13. « dis », demanda; acception que R. n'indique pas, bien qu'elle soit fréquente.

48, 10. « da Viana. » Sur cette forme *da*, dont notre texte n'offre que ce seul exemple, voy. *Revue*. XVII, 277, n. 1. Raynouard ne l'a pas relevée dans le *Lexique roman*.

48, 26. « fenis », faible, exténué. L'accent est sur l'*e*, comme il résulte de deux autres exemples de ce mot qui se trouvent à l'hémistiche dans une pièce anonyme en vers alexandrins, publiée par M. Suchier dans ses *Denkmaeler* (I, 214), sous le titre de *Des Sunders Reue*. Voy. les vers 278 et 791. M. Suchier pense que ce mot est identique au v. fr. *faint;* cela me semble douteux : mais je n'en saurais donner de meilleure explication. Le même mot se trouve aussi, et deux fois pareillement, dans une pièce encore inédite [1] de Pons Fabre d'Uzès, qui est une imitation peu réussie et fort obscure de la sextine d'Arnaut Daniel. Il y figure comme régime, sous la forme *feni*, ce qui montre que l's de notre *fenis* est flexionnelle, en d'autres termes que le nom n'est pas *intégral;* et il y est opposé à *fort* et à *ferm,* ce qui confirme la traduction donnée ci-dessus.

Je terminerai ces notes par une observation plus générale sur la façon dont notre texte traite l'ancienne déclinaison.

Lorsque ce texte fut écrit, ou du moins lorsqu'il fut transcrit dans le ms. unique qui nous l'a conservé, les règles de la déclinaison étaient déjà bien oubliées, et les formes casuelles encore subsistantes étaient employées sans qu'on eût conscience, ou conscience entière, de leur ancienne valeur. L'article pluriel *li* y sert à peu près exclusivement [2] dans sa fonction régulière de sujet, mais associé à des noms à forme de régime (*li arquiers, li sirvens, li baros, etc.*), et concurremment avec *los* (*los baros vengro, etc.*). *Tug* (= *toti*) persiste également, mais comme régime aussi bien que comme sujet, et, dans l'un et l'autre rôle, concurremment avec *totz*. Voy. pp. 20, 30, 31, 40, 46. Quant aux noms, substantifs et adjectifs, on peut dire, malgré quelques exceptions, que la règle moderne est déjà établie, à savoir qu'il n'y a plus qu'une forme pour chaque nombre, sans s (ou z) au singulier, en s au pluriel [3]. La seule exception systématique, — que l'on observe aussi

---

[1] Elle ne l'est plus au moment où je corrige la dernière épreuve de ces lignes. On peut la lire en effet dans le recueil de M. Carl Appel, *Provenzalische Inedita aus pariser Handschriften* (Leipzig, 1890). p. 254.

[2] Je n'ai remarqué qu'une exception : « apres el bateget los reys... e tug *li baros* » (p. 46, l. 23).

[3] Les formes telles que *emperaire emperador, senher senhor,* sont évidemment considérées, de même que dans les *Leys d'amors,* comme des mots

dans d'autres textes contemporains ou à peu près [1], mais nulle part,
que je sache, d'une façon aussi constante que dans le nôtre, — est
celle-ci : L'attribut singulier prend toujours (ou presque toujours, —
au moins neuf fois sur dix —) la flexion du nominatif, soit *s* ou *tz*.
Mais il n'en est pas de même de l'attribut pluriel. Celui-ci est traité,
également neuf fois sur dix, comme le sujet auquel il se rapporte,
c'est-à-dire qu'il reçoit comme ce dernier, *s* ou *tz*, d'où résulte que la
distinction du pluriel et du singulier, effective et formelle dans le
sujet, ne l'est pas dans l'attribut. C'est ce que rendront sensibles les
exemples suivants pris parmi beaucoup d'autres : « son trebalh seria
sals ; — quel solelh fo colgatz ; — mal gazanh m'era vengutz ; — fo
tot lo tezaur manjatz e gastatz ; — tug los baros vengro aparelhatz ;
— can tug se foro desarmatz ; — can tug foro vengutz [2]. »

Il y a dans cette différence de traitement de l'attribut singulier et
de l'attribut pluriel, le premier conservant l'ancienne flexion que le
sujet rejette, le second prenant au contraire la forme nouvelle que
le sujet revêt, une inconséquence faite pour surprendre, et dont il
faut peut-être rendre responsable le copiste seul. Je dis inconséquence
seulement, car si des deux parts, je veux dire au pluriel comme au
singulier, l'attribut conservait la désinence de l'ancien cas direct, il
n'y aurait pas lieu de trop s'étonner. Nous voyons en effet souvent en
d'autres textes l'attribut affecter une forme différente de celle du
sujet, ordinairement plus moderne, mais parfois aussi plus archaïque.
Il y a là une question de syntaxe historique d'un certain intérêt, mais
que nous ne pouvons ici qu'indiquer. Nous la reprendrons ailleurs.

---

synonymes et non comme des cas divers d'un même nom. *Emperaire* est plu-
sieurs fois régime, *emperador* plusieurs fois sujet ; *senhor* de même. *Dieus* et
negus sont *intégrals* et employés par suite dans la fonction de régime singu-
lier comme dans celle de sujet.

[1]. Je citerai la rédaction en prose de la Légende du bois de la croix (Suchier
Denkmaeler I, 165, surtout dans le ms. A), les *Thalamus* de Narbonne,
passim, le Registre de la Confrérie de Fanjaux (*Musée des archives départe-
mentales*, p. 180).

[2] Je ne tiens pas compte des formes *fag, destreg,* dans les phrases *los col-
tivamens forro fag* (16), *nos em fort destreg* (37), *de que era tan destreg*
(42), et autres semblables, parce que, ainsi que je l'ai remarqué plus haut
(sur 10, 29), notre ms. omet l'*s* après la chuintante. Ces exemples ne prou-
vent donc rien, ni pour ni contre, pas plus que ne feraient *ieu soi pres, nos
em pres,* ou toute autre proposition pareille, c'est-à-dire dont l'attribut serait
un nom ou participe invariable.

Montpellier. — Imprimerie centrale du Midi (Hamelin Frères).

www.ingramcontent.com/pod-product-compliance
Lightning Source LLC
LaVergne TN
LVHW022140080426
835511LV00007B/1180